丛书顾问

（以姓氏拼音字母为序）

顾明远　裴娣娜　史宁中　宋乃庆
田正平　叶　澜　钟秉林　朱小蔓

丛书编委会

主　任：张斌贤
委　员：（以姓氏拼音字母为序）

陈时见　程斯辉　褚宏启　杜成宪
范国睿　傅维利　高宝立　郭　戈
贺国庆　侯怀银　黄甫全　郝二军
靳玉乐　贾　娟　柳海民　刘贵华
刘海峰　刘立德　刘志军　楼世洲
马晓红　马云鹏　孟繁华　戚万学
司晓宏　石　鸥　石中英　孙杰远
田慧生　涂艳国　王建新　王嘉毅
王维平　吴康宁　肖　朗　徐小洲
徐　勇　余文森　翟　博　张民选
周洪宇　周作宇

师德楷模徐特立

教育薪火书系·第一辑

梁堂华　吴克明 ◎ 著

山西出版传媒集团
山西人民出版社

图书在版编目（CIP）数据

师德楷模徐特立 / 梁堂华，吴克明著 .—太原：山西人民出版社，2018.5

（教育薪火书系/张斌贤主编）

ISBN 978-7-203-10178-9

Ⅰ.①师… Ⅱ.①梁… ②吴… Ⅲ.①徐特立（1877-1968）-教育思想-研究 Ⅳ.①G40-092.7

中国版本图书馆 CIP 数据核字（2017）第 276526 号

师德楷模徐特立

著　　　者：	梁堂华　吴克明
责任编辑：	张小芳
复　　审：	傅晓红
终　　审：	员荣亮
装帧设计：	李尚斌　张国仁
出　版　者：	山西出版传媒集团·山西人民出版社
地　　　址：	太原市建设南路 21 号
邮　　编：	030012
发行营销：	0351-4922220　4955996　4956039　4922127（传真）
天猫官网：	http://sxrmcbs.tmall.com　电话：0351-4922159
E-mail：	sxskcb@163.com　发行部 sxskcb@126.com　总编室
网　　　址：	www.sxskcb.com
经　销　者：	山西出版传媒集团·山西人民出版社
承　印　厂：	山西出版传媒集团·山西人民印刷有限责任公司
开　　本：	787mm×1092mm　1/16
印　　张：	12
字　　数：	210 千字
印　　数：	1—3000 册
版　　次：	2018 年 5 月　第 1 版
印　　次：	2018 年 5 月　第 1 次印刷
书　　号：	ISBN 978-7-203-10178-9
定　　价：	62.00 元

如有印装质量问题请与本社联系调换

教育薪火　传承不息(总序)

钟秉林

在人类的历史长河中,教育一直伴随人类的文明进程在不断发展进步,那些弥足珍贵的教育著作、教育思想、教育人物和事迹,无时无刻不在拨动着教育工作者的心弦。我们永远无法忘记那些给我们留下宝贵思想财富的教育家,他们的思想、言论和实践,依然是激励我们教育工作者前进的动力。时至今日,教育的发展与变革更成为世界各国应对日趋激烈的国际竞争的重要战略。在科教兴国战略的指导下,党和国家对教育工作给予了高度的重视,深刻认识到教育家对教育事业的重要性。《国家中长期教育改革和发展规划纲要(2010—2020年)》就明确提出:"创造有利条件,鼓励教师和校长在实践中大胆探索,创新教育模式和教育方法,形成教学特色和办学风格,造就一批教育家,倡导教育家办学。"

要想成长为教育家或者在教育实践中能够起到扛鼎作用并非易事,需要我们教育工作者吸收过往教育家留下来的丰富教育营养,清晰地认识什么是真正的教育家,教育家应该具备什么样的素质和条件,做到融会贯通,大胆实践,自成一家。与此同时,在教育改革的大背景下,普通教师同样迫切需要能够在教书育人过程中得到启迪和突破的催化剂,教育家的思想和实践是经过检验的真理,是教学启迪催化剂的最佳选择。

然而,在浩瀚的书海中,以教育家为主线、囊括中外、跨越古今、自成体系的书系并没有面世。山西的《新课程》杂志社和《现代职业教育》杂志社,在教育的广袤园地上深耕多年,熟知一线教师的需求,希望为普通教师策划一套教育理论普及读物，以使广大中小学教师能够"近距离"地接触中外历代教育家的教育思想、实践经验和办学理念，促进教育理论水平的提高，从而更好地开展教育教学实践。书系的策划人与张斌贤教授为理事长的中国教育学会教育史分会的夙愿不谋而合，合作编写一套大规模的、以教育家为主线的书系的想法随之形成。

策划团队把书系命名为"教育薪火"，是希望教育家的教育思想能够薪火相传，不断推动人类文明的发展。"教育薪火"书系拟分为三辑出版，按照中国古代、中国近现代、外国古代和外国近现代分类。第一辑共选择了一百余位中外教育家，一位教育家一本书，规模宏大，应该说能够在中国教育出版史上留下浓墨重彩的一笔。所选教育家都是经过书系编委会认真研究、充分论证而定的，他们在教育史上有较大的影响，能够启迪或者感染教育工作者，推进教育和教学的发展。当然，其中有的教育家更为名声在外的不是在教育上，但是他们在教育上的贡献毫不逊色于其他方面的贡献，比如我们熟知的一些革命家；另外，还包括了一些具有地方特色的教育家以及还没有被人们真正认识的教育家。

必须提及的是，中国教育学会教育史分会非常荣幸地邀请到我国著名的教育学者顾明远教授、叶澜教授、史宁中教授、宋乃庆教授、田正平教授、裴娣娜教授和朱小蔓教授等担任书系的顾问，成立了由40位教育学界具有重要影响的学者组成的编委会，为书系的质量保驾护航。

还需提及的是，《新课程》杂志社和《现代职业教育》杂志社为物色学有专长的作者付出了巨大的辛劳。书系的作者地域和院校分布广泛，既有北京师范大学、华东师范大学、东北师范大学、华中师范大学、陕西师范大学、南京师范大学、首都师范大学等师范院校的学者，也包括武汉大学、四川大学、南京大学、南开大学、天津大学、河北大学、河南大学等综合大学的教师。作者以教育史专业的中青年教师为主力军，他们朝气蓬勃、时代感强，研究范围涉猎较广，能大胆地探索和怀疑，一些新的教育研究成果不断涌现，为书系注入了难得的新鲜气息；他们与一线中青年教师同处一个频道，其思维模式很容易被接受。

客观而言，现在每年出版的教育类图书很多很多。一类为实践性强和操作性强的教学类图书，教师拿来就可以在课堂上使用；另一类为理论性强和学术性强的图书，印数少，流通范围小，普通教师往往望而却步。然而，教育理论只有指导教育实践才有存在的价值。在我看来，书系最具特色的价值就是秉承了教育理论通俗化这一理念，在教育理论研究者和普通教师之间架起了一道桥梁。书系以教育家为主线，坚持学术性与普及性并重，用通俗化的语言，或阐述教育家的教育思想精华，或叙写教育家的精彩教育事迹和教育实践，力图"润物细无声"，让教师喜欢读，在读中提高素养，深刻理解教育家，形成自己的理论，推进"教育家办学"。

当然，书系在真实性上也颇下功夫。以史料为依据，实事求是叙述，客观全面评价，不有意拔高教育家的贡献，注重教育家闪光点的挖掘和传播，是教育家历史画卷现代版的呈现。书系成规模、系统化，学术性和可读性强，具有较强的收藏价值，非常适合各中小学图书室和大学图书馆选择配置。

中国教育学会教育史分会为教育事业做了一件好事，张斌贤理事长请我作序，我觉得理应支持，欣然应允。

希望广大教育工作者能够认真阅读这套图书，为自己的教育职业生涯发展打下坚实基础，为成长为新时期的教育家而不懈努力。

丁酉年正月于北京
（作者系中国教育学会会长、北京师范大学原校长）

目　录

第一章　从"教育救国"到"为革命办教育"

——爱国的典范　　　　　　　　　　1

第一节　"用教育改革人心"　　　　　3

第二节　为革命办教育　　　　　　　18

第二章　"一生都是教书"

——热爱教育事业的典范　　　　39

第一节　从旧教育到新教育　　　　　41

第二节　从苏区到边区　　　　　　　49

第三节　从旧中国到新中国　　　　　55

第三章　"独辟名山业,慈祥号外婆"

——关爱学生的典范　　　　　　63

第一节　关心学生的生活和身体　　　65

第二节　关心和资助贫困学生　　　　71

第三节　"惩戒方法以不用为是"　　77

第四节　始终心系青少年　　83

第四章　"既要做经师,又要做人师"

　　　　——教书育才的典范　　95

　　第一节　"三育并重,以德为先"　　97

　　第二节　刻苦钻研,精通业务　　105

　　第三节　实事求是,鼓励创新　　117

第五章　"身教主义者"

　　　　——为人师表的典范　　127

　　第一节　严以律己,谦以待人　　129

　　第二节　节俭朴素,廉洁奉公　　142

第六章　"活到老,学到老"

　　　　——终身学习的典范　　151

　　第一节　终身勤奋求学　　153

　　第二节　注重学习方法　　167

后　记　　179

第一章

从"教育救国"到"为革命办教育"
——爱国的典范

徐特立（1877—1968）

师德楷模徐特立

　　徐特立出生于 1877 年，正是旧中国一步步沦为半殖民地半封建社会的时期。从整个国家来看，苦难的祖国不断遭受帝国主义列强的欺凌，而清政府却一味地妥协投降、腐败无能；从自己的小家来看，母亲的早逝、父亲的整日劳累和生活的极度窘迫，使他备尝人世的艰辛。他心中逐渐生出一个朦朦胧胧的愿望：一定要改变这种不合理的现状。成年后，他积极探求救国救民的真理，走过一条艰难曲折的道路：早年信奉康有为、梁启超的改良主义，后来拥护孙中山的革命主张；辛亥革命后被推选为湖南省临时议会副议长；官场的腐朽使他愤而辞职，决心走教育救国的道路；大革命期间，积极投身农民运动，担任湖南省农民协会教育科长兼湖南农村师范农运讲习所主任；大革命失败后，毅然加入中国共产党，成为坚定的无产阶级先锋战士，从此为共产主义理想奋斗终生。纵观徐特立的一生，他为了改变社会现实，实现救国救民的理想，不惜抛弃个人的温饱、安乐、名誉和地位，也顾不上家庭，甚至冒着杀头的危险，矢志不渝地进行革命和斗争，表现出"革命第一"的大无畏精神、牺牲精神。他所走过的道路，代表了中国先进知识分子在特定历史时期为了国家和民族的利益不懈奋斗的艰难历程，永远值得我们学习。

第一章 从"教育救国"到"为革命办教育"

第一节 "用教育改革人心"

> 科学之不明,我们要学习科学;工农之不振,我们要施以教育;应当大众奋发,以血肉之躯,去护卫疆土,振兴国家。
>
> ——徐特立
>
> 能力只够养家者,养了自己的家,也是解决社会问题之一;除养家而外还有余力的人,其余力之来源,必然是得到社会的帮助,应该还之于社会。
>
> ——徐特立
>
> 我是一个不愿参加政治运动,好埋头念书的人。由于外力的压迫,政治黑暗,就不自觉地转入爱国运动,以为人民大众不参加爱国运动是由于无知,救国的方法首在教育。
>
> ——徐特立
>
> 我更努力教学,办学校,我认为培养后一代来救国救民是我唯一的任务,我走的是"教育救国"的道路。
>
> ——徐特立

徐特立出生的时代,正是昔日强盛的中国一步一步沦为半殖民地半封建社会的时代。在他的幼年、童年直至青年时期,苦难的中国经历着帝国主义国家一次又一次的侵略与欺凌:1883年至1885年发生中法战争,中国不败而败;1894年至1895年发生中日甲午战争,中国北洋海军全军覆没,被迫签订《马关条约》;1900年至1901年,八国联军更是侵入北京城,火烧圆明园,强迫清政府签订《辛丑条约》,致使中国完全陷入半殖民地半封建社会的深渊。面对列强的入侵和清政府的腐败无能,徐特立与一切有志之士一样,因国家的命运、民众的疾苦忧虑不已。他一心寻求救国救民的真理,潜心办学,试图通过教育救国。

一、探索救国救民之路

徐特立1877年2月出生于湖南省长沙县五美乡(今属江背镇)的荷叶塅。该地背靠山陵,三面丘峦环绕,中间阡陌交通,清流沃野,唯南面低处有条举世闻名的浏阳河蜿蜒西去,对岸也是山冈起伏,地属浏阳县柏加乡。从高处俯视,恰如荷钱初展,故名荷叶塅。荷叶塅周围的山上,长满四季常青的油茶树,旁边的浏阳河如丝如带,贯穿而过,秀水长流、清澈见底。徐特立就出生在这样一个山清水秀的好地方。

父亲徐树兆是个没文化的憨厚老实的农民,平日不善言谈,靠辛勤耕种祖上留下来的几亩薄田为生,农闲时帮人赶脚或烧窑以挣些收入弥补家用。母亲胡氏,生育了两男两女,由于家境穷困、劳动繁重,孕期、产后调养不足,导致身体一向虚弱多病。祖父也是农民,但读过一些医书,略懂医道,在缺医少药的乡村里经常为乡里邻亲诊病,晚年尤爱读书,除《黄帝内经》《本草经》《本草纲目》《伤寒论》等医药书籍外,还爱看《三国演义》《西游记》《水浒传》之类的小说。徐特立出生后,祖父借助《康熙字典》,为他起了一个名字——懋恂,"懋"即勤勉,"恂"即诚信,希望孙子长大之后为人一定要勤勉笃实。徐特立的确没有辜负长辈的期望,从小勤勉诚实、受人喜爱。他后来虽改名为"特立",但对于"懋恂"这一名字一直很珍惜,以后写文章时还经常以"懋恂"或"恂"作为笔名。

少年时代的徐特立,因家庭生活需要,不仅放过牛、砍过柴,而且要做家务,并不时参加田间劳动,对贫劳农民的生活境遇耳闻目睹,并有着亲身体验。他关心家人,也乐于助人。村子里有个佃农的儿子名叫陈子吉,年纪小,个头矮,上山砍柴时,徐特立总是像哥哥一样照顾他,先帮助他砍满一筐后,再动手给自己砍,小小年纪就表现出一种先人后己、关爱他人的优秀品质。

(一)勤奋学习求真知

徐特立9岁那年,他父亲因饱尝没有文化的苦头,东拼西凑地筹措了一点学费,把他送到一家蒙馆去读书。就这样,徐特立开始接受封建传统的启蒙教育。能够有机会读书,这是徐特立小时候最大的幸运和幸福。

但是,蒙馆学习的内容除了启蒙读物外,就是"四书五经",对于年幼的孩子来讲实在不容易理解,再加上塾师的教学方法大多简单粗暴——带读、诵读,然后就是背诵,背诵不了的就要受惩罚——打手板、罚站、罚跪。在这种情况下,年少的徐特立对老师的教学一度感到索然无味。但也有两位老师,给他留下了深刻的印象。一位是他入学半年之后的老师。这位老师非常注重教学生做人的道理,先是教他读著名理学家、教育家朱柏庐[①]的《治家格言》:

> 黎明即起,洒扫庭除,要内外整洁;既昏便息,关锁门户,必亲自检点。一粥一饭,当思来之不易;半丝半缕,恒念物力维艰。

> 宜未雨而绸缪,毋临渴而掘井。自奉必须俭约,宴客切勿流连。器具质而洁,瓦缶胜金玉;饮食约而精,园蔬愈珍馐。勿营华屋,勿谋良田。

> ……

> 祖宗虽远,祭祀不可不诚;子孙虽愚,经书不可不读。居身务期质朴,教子要有义方。

> ……

> 凡事当留余地,得意不宜再往。人有喜庆,不可生妒忌心;人有祸患,不可生喜幸心。善欲人见,不是真善;恶恐人知,便是大恶。……

> ……

> 读书志在圣贤,非徒科第;为官心存君国,岂计身家。守分安命,顺时听天。为人若此,庶乎近焉。

这些话不仅读起来朗朗上口,文句易记,而且所讲的道理贴近生活实际,非常实用。徐特立牢记于心并注意落实到生活中。

[①] 朱柏庐(1627—1698),字致一,号柏庐,江苏昆山人,明末清初著名理学家、教育家。著有《朱子治家格言》《删补易经蒙引》《四书讲义》《困衡录》《愧讷集》《春秋五传酌解》《毋欺录》等。

老师随后又教他读明朝忠臣杨椒山的遗嘱。杨椒山(1516—1555),明保定容城人,名继盛,字仲芳。7岁失母,家贫好学,刻苦自励。嘉靖年中进士,任兵部员外郎。嘉靖三十二年(1553),因上《请诛贼臣疏》奏劾权相严嵩十大罪状,被削职下狱。三年后,严嵩将其与死刑犯一起上报,杀于西市。这篇遗嘱,是杨椒山在狱中写给儿子的,通篇感情充溢,满怀报国之心,又谆谆告诫儿子如何为人处世。徐特立反复诵读,激动得热泪盈眶。老师在教他读了这两篇文章后,才教《论语》。徐特立后来回忆这一段学习生活时说:"使我对书籍发生兴趣的,却是这两篇文章而不是《论语》。"①

15岁那年,祖母去世。因为家庭经济困难,徐特立被迫辍学,而且他必须选取一个合适的职业以解决家庭的生计问题。作为一个读过6年私塾的"文化人",他已不可能去做一个全职农民,而且几亩薄田也很难养家糊口。他必须找到一个合适的职业来维持生活。最初,他"尽读祖父遗书,拟以医为职业"②,但因找不到人指点,唯恐"误人自误",于是放弃了;又曾想以卜卦算命为业,然而发现卜者的判词"均是两可的骑墙语,由此我判定阴阳家都是走江湖的骗子"③,因此,决定不再去理会它。这时,人生的艰辛甚至曾使他想过学和尚及早遁入空门,却发现不少寺庙等级森严,而且明争暗斗,与世俗无异,从而放弃了皈依佛门的打算。混混沌沌摸索了几年后,18岁时徐特立终于做出从文的决定,"自问学医必不可能,若习科举,或可取得翰林院,甚至考中状元。……于是确定教书兼习科举业"④,"可以进步,又可谋生"⑤。于是,他在家乡的小塘湾收学生教蒙馆,开始了他的教育生涯。当上塾师以后的一段时间里,他"兼习科举",锐意举业,试图以此作为进身之阶。

"想进学非读八股不可"⑥,于是在半年多的时间里,徐特立从考秀才用的官僚"八股"到明末汉奸、英雄的"八股"乱读了一通。其中,民族英雄黄淳耀、金声等人的言论对他影响很大,心中开始萌发反对清廷的情绪。

---

① 湖南省长沙师范学校编:《徐特立传》,长沙:湖南人民出版社,1984年版,第3页。
② 湖南省长沙师范学校编:《徐特立文集》,长沙:湖南人民出版社,1980年版,第596页。
③ 湖南省长沙师范学校编:《徐特立文集》,长沙:湖南人民出版社,1980年版,第597页。
④ 湖南省长沙师范学校编:《徐特立文集》,长沙:湖南人民出版社,1980年版,第597页。
⑤ 湖南省长沙师范学校编:《徐特立文集》,长沙:湖南人民出版社,1980年版,第599页。
⑥ 湖南省长沙师范学校编:《徐特立文集》,长沙:湖南人民出版社,1980年版,第599页。

在习作"八股文"的摸索中,徐特立曾特地拜访长沙举人陈云峰。陈先生劝他立志读书,不要把精力耗费在"八股文"上,并赠他一把纸扇,上面写着:"读书贵有师,尤贵有书。乡村无师又无书,但书即师也。张之洞①的《书目答问》即买书之门径,《輶轩语》即读书之门径。"②得到陈先生的指点后,"从此我不做八股了,成了一个好汉学的青年"③。在面对习科举和求学问的选择时,徐特立毫不犹豫地选择了求学问。为了买书,他20岁时又果断地制定了一个"十年破产读书计划",一心"读书求学问,进学不进学不去管他"④,并从此博览群书,积累了广博的知识。

(二)同情尊重劳动人民

从徐特立早年的求学经历可以看出,作为一个旧时代的读书人,他不可避免地受到了当时特定思想环境的局限。他和其他封建知识分子一样,也曾经希望通过苦学"八股"、参加科举考试来求取功名,摆脱当农民的命运,跻身于封建统治阶层。但是,徐特立又表现出一般封建知识分子所不具备的难能可贵之处:第一,虽然家境贫寒,迫切需要从事一项职业来养家糊口,但是,他决不因此而去从事一些不仁不义、不负责任的职业(例如算命、看风水等)以获取钱财。他内心有着一种出于良心的社会道德感、责任感。第二,谋生对于他来说,更多的是一种生活的需要,只要能基本满足生活之所需,他便毫不犹豫地将谋生问题放在其次而将求学问置于首位,以致在20岁时做出了"十年破产读书计划",表现出对真理的渴求。第三,虽然他曾一心想考科举,并试图借以跻身于封建统治阶层,但他始终同情尊重劳动人民,具有朴素的平等观念。15岁那年,徐特立去南岳还香,看到同行的几个阔少爷悠闲地坐在船舱内,却还嫌逆流而上的船只走得太慢,对着奋力摇桨、汗流浃背的船夫恶言相对,斥骂不停,他感到非常愤慨,心中暗想:"我长大若当船夫,只运猪,决不载人;我读书如果取得科甲,就只做教官。"由此可见,农民出身的徐特立受封建等级思想的影响极少,同情、尊重劳动人民。

---

① 张之洞(1837—1909),字孝达,清朝直隶南皮(今河北南皮)人。与曾国藩、李鸿章、左宗棠并称晚清"四大名臣"。历任翰林院编修、教习、侍读、侍讲、内阁学士、山西巡抚、两广总督、湖广总督、两江总督、军机大臣、体仁阁大学士等职。

② 湖南省长沙师范学校编:《徐特立传》,长沙:湖南人民出版社,1984年版,第10页。

③ 湖南省长沙师范学校编:《徐特立文集》,长沙:湖南人民出版社,1980年版,第597页。

④ 湖南省长沙师范学校编:《徐特立文集》,长沙:湖南人民出版社,1980年版,第599页。

(三)为时事痛心疾首

徐特立生活成长的时代,正是中国一步一步沦为半殖民地半封建社会的时代:徐特立8岁那年(1885年),中法战争结束,中国不败而败,法国不胜而胜;17岁那年(1894年),中日甲午战争爆发,昔日的中华帝国却被曾经弱小的邻邦日本打得一败涂地;18岁那年(1895年),甲午战争结束,清政府被迫与日本签订了丧权辱国的《马关条约》,割让台湾及辽东,赔款二万万两白银。同年,爱国的民族资产阶级知识分子,以康有为①、梁启超②为领袖,发动了"公车上书",提出"拒和、迁都、练兵、变法"等主张,虽然上书被清政府拒绝,但在社会上产生了巨大影响。光绪皇帝开始启用康有为等维新人士,试图改革以励精图治。1898年,戊戌变法轰轰烈烈一时,但遭到封建顽固势力的阻挠,变法仅仅103天,慈禧太后发动了政变,变法夭折。1900年,八国联军侵华,清政府再次屈膝投降,签订《辛丑条约》,中国从此完全沦为半殖民地半封建社会……苦难的祖国饱受欺凌,中华民族危机重重,人民处于水深火热之中。耳闻目睹这惨痛的社会现实,"凡是有爱国心的人,自然都是忧心忡忡,都在摸索救国救民的道路"③,徐特立痛心疾首,愤慨不已,提笔写下了《书愤》诗:

> 为恶既无恶报,为善又无善报;
> 何必安分守己,不做土匪强盗?④

在愤慨、迷茫之中,他朦胧地感觉到,只有人民一齐起来反抗,中国才有出路。这种反抗意识,是他日后走上革命道路的内在精神因素。

(四)求新学崇信康梁

封建社会的读书人,科举是唯一的进身之阶。徐特立能够弃科举求真知、破产读书,做出如此开明的举动,与当时湖南风气渐开、维新思想广为传播是有一定关系的。1897年,徐特立20岁时,湖南发行了第一份新式报纸《湘学新报》(后改名《湘学报》)。这份报纸不仅仅宣传维新派的思想主张,还用不少篇幅介绍西

---

① 康有为(1858—1927),广东南海人,清末资产阶级改良派领袖,后为保皇派首领。
② 梁启超(1873—1929),字卓如,号任公,广东新会人,近代维新派代表人物、近代中国的思想启蒙者,其著作编为《饮冰室合集》。
③ 武衡、谈天民、戴永增主编:《徐特立文存》(第三卷),广州:广东教育出版社,1995年版,第417页。
④ 湖南省长沙师范学校编:《徐特立传》,长沙:湖南人民出版社,1984年版,第14页。

方资本主义国家的政治、经济、文化以及自然科学知识等,这对徐特立具有启蒙作用。他开始设想,西方的这些东西,或许能救治中国社会之弊病。

1898年,在维新运动高涨之际,梁启超、谭嗣同、唐才常、熊希龄等维新党人以"开风气,拓风闻"为主旨,又创办了《湘报》,宣传"爱国之理""救亡之法",倡导变法改制。徐特立深受影响,他特别喜爱梁启超、谭嗣同写的那些文笔泼辣、议论纵横、富有鼓动性的文章。新书报一到手,就反复阅读,一度崇拜康梁,以康梁的信徒自居,并渴望中国能由此自立、自强,雄踞于世界东方。然而,随着戊戌变法的失败,谭嗣同等"六君子"惨遭杀害,他的这一理想很快破灭。徐特立陷入了彷徨、悲愤之中。

(五)有余力还之社会

1905年,徐特立年已28岁。这时他教书所得,除维持妻室儿女的温饱外,还有少许富余,他完全可以安心地过一辈子教书匠生活了。但徐特立没有安于现状,他不安心于一个农村塾师的职业,更不迷恋于个人的小康家庭。他考虑的问题已经迥异于20岁以前,那时,他必须首先为个人的职业、家庭和前途着想,以解决全家的生计问题,然而现在,他觉得自己应该为国家民族的兴亡盛衰分忧了。他认为自己应该离开狭小的五美山,到更为广阔的天地中学习新的知识,继续探索救国救民的良方。

这一年,他与两个志同道合的朋友姜济寰①、何雨农一起考入设在长沙城里的宁乡速成师范。该校由同盟会会员周震鳞②创办,教员也大多是有一定科学知识、具有民主思想的留日学生,资产阶级民主革命的氛围很浓厚。学校不仅开设自然科学和教育学,还有西洋史、东洋史等课程,讲授西方资产阶级革命和日本

---

①姜济寰(1879—1935),湖南长沙人,早年加入同盟会。辛亥革命后曾任长沙知事。五四运动时参与发起俄罗斯研究会。1927年参加南昌起义,起义失败后流亡日本,1929年回国,后任国民政府行政院参议。

②周震鳞(1875—1964),湖南宁乡人,近代资产阶级革命家。早年入两湖书院,毕业后在宁乡、长沙等地办学和从事革命活动。1903年参与创办华兴会,1905年加入同盟会。历任国民党中央执行委员,南京国民政府委员,国民党中央监察委员等职。中华人民共和国成立后被选为第一届全国政协委员,第一、二届全国人大代表。

明治维新的历史。徐特立对这些课程非常感兴趣,他在这里学习了4个月,感觉受益匪浅。学习期间,他"得到《民报》《猛回头》《浙江潮》《新湖南潮》等革命刊物,就从康梁的信徒转为孙文的信徒"[1],"由立宪思想转到民主共和"[2]。结业时,周校长发表演说,鼓励学生加入民主革命行列:"我们办这个学校,不是培养你们当一个好教员,得到社会上的名誉地位;更重要的是希望你们创造事业,创造有利于国家民族的事业。"[3]这对徐特立产生了很深的影响。他晚年在北京会见周震鳞先生时,还提到这件事,他说:"我一生致力于教育事业,周先生的这几句话,对我的影响是很深的。"[4]如果说徐特立一开始以教书为业是为了养家糊口,那么这时的徐特立开始选择教育当作自己实现救国救民理想的事业。

徐特立走到这一步,有着深厚的思想根源。他曾与好朋友何雨农、姜济寰一起讨论:"我们现在都算有知识的人了,但是我们的知识是用到为社会服务呢?还是为家庭服务呢?"徐特立认为:"能力只够养家者,养了自己的家,也是解决社会问题之一;除养家之外还有余力的人,其余力之来源,必然是得到社会的帮助,应该还之于社会。"[5]他非常赞赏韩愈《争臣论》中的观点:"夫天授人以贤圣才能,岂使自有余而已?诚欲以补其不足者也。……若果贤,则固畏天命而闵人穷也,恶得以自暇逸乎哉?"[6]他一心以天下事为己任,决心像墨翟那样摩顶放踵,集中精力从事服务国家和社会的事业。

二、"救国的方法首在教育"

正是出于这样一种"创造有利于国家民族的事业"的担当意识,徐特立在黑暗社会中选择了教育作为救国的方法,把救国的希望寄托于下一代。他说:"我是一个不愿参加政治运动,好埋头念书的人。由于外力压迫,政治黑暗,就不自

---

[1] 湖南省长沙师范学校编:《徐特立文集》,长沙:湖南人民出版社,1980年版,第107页。
[2] 湖南省长沙师范学校编:《徐特立文集》,长沙:湖南人民出版社,1980年版,第602页。
[3] 湖南省长沙师范学校编:《徐特立传》,长沙:湖南人民出版社,1984年版,第15页。
[4] 湖南省长沙师范学校编:《徐特立传》,长沙:湖南人民出版社,1984年版,第15页。
[5] 湖南省长沙师范学校编:《徐特立文集》,长沙:湖南人民出版社,1980年版,第600页。
[6] 湖南省长沙师范学校编:《徐特立传》,长沙:湖南人民出版社,1984年版,第15页。

觉地转入爱国运动,以为人民大众不参加爱国运动是由于无知,救国的方法首在教育。"①"我更努力教学,办学校,我认为培养后一代来救国救民是我唯一的任务,我走的是'教育救国'的道路。"②从此,他为办学殚精竭虑,百折不挠,筚路蓝缕,勇往直前,一心以此改革人心、救亡图存。

(一)创办梨江高等小学堂

1905年,徐特立从宁乡速成师范结业后,与同学姜济寰、何雨农一起,在离长沙城15公里的榔梨镇,创办了梨江高等小学堂,专门招收农民子弟入学。7月中旬,学校正式开学。这在当时算是一个创举,虽说此时长沙的办学风气很盛,官办的和私办的学校日益增多,但都集中在城里,没有一所学校办到农村去,农村子弟也很少去省城读书。

开办这所学校的经费主要来自家境较好的何雨农和姜济寰。学校开办后,徐特立请姜济寰担任校长,自己负责具体教学事务。为了节省开支,徐特立给自己立下"不拿工资,只吃饭"的规矩。这年的8月中秋,徐特立的妻子生下第三个孩子,第二个孩子又正患痢疾,家里无人照顾。在近半个月的时间里,他常常在上午讲完四节课之后,步行25公里,回到家里,为妻子、儿女煎药、煮饭、洗衣,折腾到深夜。第二天清早,又急忙赶回学校上课。他这样做,虽然十分劳累,但内心十分愉快。

梨江高小是徐特立教育救国的第一步,也是他实现自己教育思想的第一块实验田。辛亥革命后,校址搬迁到附近的陶公庙,改为梨江女校;1918年改为师范;新中国成立后改名临江小学,后升格为梨江中学。1985年梨江学校80周年校庆之时,老一辈革命家王首道欣然题词:"开创农村新式教学的先声,最早的典范。"③徐特立虽然在梨江高小只教书半年,但一直关心这所学校的发展,尔后去长沙任教时,还经常提供办学指导和办学经费上的支持;抗战时期,徐特立回湖南,特意去学校察看,并摄影留念;中华人民共和国成立以后,有次回乡,他还特地到了这所学校,在门前瞻望徘徊,久久不愿离去。

---

①湖南省长沙师范学校编:《徐特立文集》,长沙:湖南人民出版社,1980年版,第604页。
②武衡、谈天民、戴永增主编:《徐特立文存》(第四卷),广州:广东教育出版社,1995年版,第418页。
③程放军、陈卫球:《长沙县梨江中学百年华诞》,《长沙晚报》2005年11月21日。

（二）任教于周氏女塾

为了发展女子教育，1905年5月，朱剑凡毁家兴学，将自己在宁乡的田产和在长沙城里的宏大宅第捐献出来，作为经费和校舍，创办了周氏女塾，邀请徐特立前来任教。出于对女子教育的重视，徐特立欣然前往，担任国文教员，兼教地理、历史、数学、化学等课。他知识渊博，教学又极认真负责，深受学生欢迎。

在周氏女塾，有件事值得一提。当时，为了避免封建顽固势力的污蔑和攻击，女塾采取了一个权宜之策：男教师给女学生上课时，在讲台前挂上帷幕，遮拦起来，避免直接面对，以守旧礼教"男女大防"，名为"垂帘施教"。徐特立到校后，痛感封建礼教之可笑，经与朱剑凡商量，断然撤去了帷幕，革掉了这一封建陋习。

作为一个献身社会的志士，徐特立在周氏女塾（1908年改名为周南女学）任教期间，十分关心国家大事，经常阅读民主革命先驱黄兴、陈天华、秋瑾、杨毓麟、姚宏业等人写的文章，并常同朱剑凡等好友交换对时局的看法。陈天华写的《猛回头》《警世钟》《狮子吼》《中国革命史论》《警告湖南人》等诗文，以及杨毓麟写的《新湖南》一书，他爱不释手，赞佩之情，"至于五体投地"[①]。

受资产阶级革命思想影响，徐特立以学校为"鼓吹革命的机关"[②]，秘密开展革命宣传活动。他在向学生传授科学文化知识和技能的同时，还经常向学生揭露帝国主义列强侵略中国和清政府卖国殃民的罪行，宣传革命思想。

任教期间，徐特立和国文教员黄厘叔合作，为周南女学撰写了一首校歌："地处长沙，山环水重深深锁。女校修明，应推先进周南我。毁家兴学，蒙难开基，造出文明母。到如今，三湘七泽有萤声，郁郁、欣欣、芬芬、馥馥如花朵。同学们，尽心学业，尽心学业，发皇我历史之光荣，效忠祖国，效忠祖国，永获光荣果。"[③]鼓励女学生关心祖国、社会，多为国家做贡献。

（三）创办平民夜校

为了广泛"开发民智"，徐特立还积极主张发展平民教育，吸收那些没有机

[①] 湖南省长沙师范学校编：《徐特立文集》，长沙：湖南人民出版社，1980年版，第279页。
[②] 湖南省长沙师范学校编：《徐特立文集》，长沙：湖南人民出版社，1980年版，第107页。
[③] 湖南省长沙师范学校编：《徐特立传》，长沙：湖南人民出版社，1984年版，第21页。

会读书而又迫切要求读书的人来上学。他认为，穷苦人因为没有钱而失去受教育机会是不合理的，作为一个教育工作者，应当用自己的努力去消除这种不合理的社会现象。他很早就有一个计划，想邀集几位志同道合的朋友，办一所平民夜校，作为推广平民教育的尝试。他的倡议，得到不少进步教员的支持，都愿意义务教课。周南女校校长朱剑凡尤表赞同，答应从校内开支灯油费和书籍讲义费。经过一番筹备，1910年年底，徐特立创办了第一所平民夜校，校址设在长沙城北门外的李大中丞祠堂。因为这里邻近有一些工厂，便于工人入学。开始学生不多，只有十来个人，但由于他的热情和进步的教学内容及方法，很快得到劳苦群众的信任，要求入学的人与日俱增，达到200多人。学生中，有码头工人、人力车夫、泥木工人、店员、校工，还有商店小学徒。夜校开设的课程有国文、算术、地理和国耻小史等。徐特立和周南女校一些进步教师每晚轮流教课，一方面向他们传授基本的文化知识，另一方面灌输爱国思想，启发鼓励他们投入反帝反清的革命斗争。①

（四）创办长沙县立师范学校

1911年武昌起义爆发后，徐特立积极参与组织长沙教育界响应起义，参加革命，获得胜利。此时的徐特立对资产阶级民主共和国在中国的实现满怀希望，到处发表政见，希望革命之后一改中国过去之颓势，以实现自己的理想，被选为省议会副议长。然而，由于资产阶级革命的不彻底性，革命的胜利果实很快被掺杂在革命队伍中的封建反动势力窃取，官场一切如旧。这使得徐特立对资产阶级政党很是失望，对进行资产阶级民主革命的信心开始动摇。在当选副议长仅一个余月后，他愤然辞职，后来又当了一个月的教育司里的科长，很快也辞职了，因为他认为这些不过是一个做官的捷径。"因此我认为政府总是坏的，革命党做了官就要叛变，我还是回到教育界去，用教育来改革人心罢。从此以后，我就变成一个教育救国论者。"②

徐特立回到教育界，担任办在善化学宫的长沙第一高等小学校校长。此时，他的好友姜济寰担任长沙县首任知事。姜济寰致力改革，励精图治，决心在长沙县兴办教育。姜济寰与徐特立商量，目前教育的当务之急乃是要把新的教育思

---

① 李龙如、李暄编：《一代师表徐特立》，长沙：岳麓书社，1998年版，第229页。
② 湖南省长沙师范学校编：《徐特立文集》，长沙：湖南人民出版社，1980年版，第108页。

想推广开来，向国民灌输近代先进的科学思想和基本的科学知识，把无益于国计民生的"老八股"彻底清除于学校门外。因此,他向徐特立提起要兴办1000所小学,以迅速取代各地的封建私塾。如果要建立1000所小学,势必需要大量的小学老师,但当时的长沙,除一所属于高师性质的优级师范学堂,一所为全省培养小学教师的中级师范学堂外,真正能为长沙市、长沙县培养小学教师的,只有周南女校的师范部和其他一些师范速成班,每年招生人数常不及百人,根本适应不了小学教育发展的需要,更不要说为1000所小学提供师资力量了。因此,首先必须创办一所师范学校。

徐特立毅然接受了这一任务,他将善化学堂一些破烂房间腾出来加以整修,就成了校舍,又把湘岸榷运局的一批硝磺变卖,解决了经费问题。1912年,长沙师范正式开学,招收六个班,其中五年制本科班两个,学习一年毕业的一部讲习科两班,学习六个月的二部讲习科两班,共有三百余人。这所后来声誉远播的师范学校,就是在这样艰苦的条件下,由他一手创办起来了。

为了给学校找一处永久性校址,徐特立跑遍长沙城,最后选中荷花池的泐潭寺。长沙县知事姜济寰行文,将这一场所拨给长沙师范,又拨了一笔建校经费。经过徐特立半年多的苦心经营,一所人才辈出的师范学校在荷花池建立起来了。徐特立满怀喜悦,在二部讲习班举行毕业典礼时,他特地为同学们写了一首意味深长的《毕业歌》,并在典礼上高声朗读,表达了一心发展长沙教育事业的宏伟决心:

> 休夸长沙十万口,子弟不教非我有。
> 十八乡镇半开化,少数通人难持久。
> 莫谓乡村阻力多,盘根错节需能手。
> 莫谓乡村馆谷薄,树人收获金如斗。
> 大家努力树桃李,使我古潭追邹鲁。[①]

(五)创办五美高小

1912年,徐特立看到家乡方圆几十里只有几所私塾,没有一所小学堂。为解决家乡农民子弟的教育问题,他将自己在长沙教书所得的薪金拿出来一部分,

---

[①] 湖南省长沙师范学校编:《徐特立传》,长沙:湖南人民出版社,1984年版,第36页。

筹建了"五美乡第一初级小学堂",这是长沙县最早成立的乡村初级小学。新学校彻底抛弃私塾教学中腐朽落后的东西,实行新制度,选用新教材,免费招收贫困农民子弟入学。农村的封建顽固势力认为,这种洋学堂会把祖宗的传统丢掉,会把子弟教坏,蛊惑一些不明真相的农民砸毁了学校。徐特立赶回五美乡,向群众讲清了废私塾、兴学校的道理,农民群众觉悟过来后,重整了五美初小,学生人数也翻了一番,由原来的30多人增加到70多人。后来又应五美乡群众的要求,在丁家冲创办了一所拥有高、初两级小学,附设师范专修科的府立高等小学,由其好友唐怡成任校长,不到一年,学校就初具规模。

1913年,湖南都督汤芗铭停拨教育经费,学校有夭折之险。徐特立与五美乡乡董熊瑾玎商讨后,把丁家冲高小与五美初小合并,改称五美高小,由熊瑾玎代其出任校长,经费则由徐特立一手筹措。五美高小办了两年后,乡村封建顽固势力借口庙内办学亵渎神灵,多方刁难。为解决校舍问题,徐特立和妻子商量,将自家的房子改建为校舍,又扩建两间教室,而其家人则住进老屋旁边新搭的两间茅屋,并从偏门出入,不影响教学。五美高小在徐特立的苦心经营下,成了当时一所革命学校。熊瑾玎和他的继任者蒋长卿后来都参加了中国共产党,著名共产党人陈昌、熊为华、张义质、黄彝、毛达恂、赵则三等都曾在五美高小读书或担任过教员。

(六)创办长沙女子师范学校

1924年7月,徐特立结束在欧洲近5年的勤工俭学,回到长沙,暂住长沙县教育会。当时,省立第一女子师范学校正在招生,一批没有被录取的学生来找他,诉说失学的痛苦。徐特立毅然应允另外创办一所女子师范学校。他积极联络长沙县教育界人士,如狄昂人、黄惠君等,于8月召开了建校筹备会议,并被选为校长。徐特立想方设法,克服重重困难,筹资金,租校舍,借校具,聘教师,招学生,办起了长沙女子师范学校。在半年多的时间里,徐特立多方筹措经费,将原来一层的教室改建成两层的教室,还办起了图书室和阅览室,充实了教学仪器。为了筹款还债,在除夕深夜徐特立还在外面奔走。有人不了解情况,还以为他做客吃年饭去了,当看到他回来后在厨房吃开水泡饭时,大家很感动地说:"这是徐校长的特别年饭!"①

---

①湖南省长沙师范学校编:《徐特立传》,长沙:湖南人民出版社,1984年版,第71页。

1926年10月,长沙女子师范学校并入长沙县立师范。独立存在的两年间,学校共招收学生4班,180余人。身为校长的徐特立,坚持教育救国的理想,不但聘请众多革命教师来校任教,还向学生大力宣传"读书不忘爱国,爱国不忘读书"的主张,深为学生所力行。①周以栗、陈昌、罗学瓒、曹典琦等教师以及黄颐、刘英、朱端绶、黄厚纯、朱近之等学生共20多人是中共党员,占全校师生总数的十分之一。②这些人后来大多成为著名的革命者,有的为革命献出了宝贵的生命。

(七)担任湖南省立第一女子师范学校校长

1925年1月,徐特立被任命为湖南省立第一女子师范学校校长。他到任后,制定了详细、周密的整顿计划,并打破学校原有的派系做法,大胆选用了一批思想进步、作风正派、能吃苦耐劳、认真负责而不计较报酬的优秀教师,如田汉、周谷城、熊瑾玎、周世钊等,从事教学和管理;他取消学校关于女生不得随便出校门、不得过问政治、不能公开参加社会活动等诸多校禁,宣布学生在课余时间可以自由出入,而且可以参加社会活动;他为学生的体育活动添置一些器械,以提高学生体质。在这里,他还针对女学生的心理特点,实施了别具风格而广为称道的"诗教",收到了很好的教育效果。省立第一女子师范作为当时湖南省的最高女子学校,在反封建和发展湖南女子教育方面做出了突出的贡献,培养了大批优秀人才,后来成为著名革命烈士的有杨开慧、向警予、缪伯英、杨德群、黄静源、许闻道、杨锡纯、何民逸、谭道瑛、赵绿吟、戴庆哲、刘守玟等,中华人民共和国成立后担任党和国家重要领导人的有刘英、李淑一、刘昂等,还有著名作家谢冰莹、白薇,著名演员王人美,等等。作为第七任校长,徐特立为该校悠久历史和光荣革命传统的灌注以及优秀人才的培养做出了显著的贡献。

总之,这一时期,徐特立胸怀教育救国的宏愿,不畏困苦,殚精竭虑,艰难办学,一心依靠教育来改造人心,拯救国家。关于这段办学经历,徐特立后来回忆:"长沙县的教育,民国八年以前,差不多都是我一手办的,不仅创办了男女两师范,而且创办了实习批判会、教员培训班,一周的,一月的,三月的,各种各样都有。长沙一共有八百个小学校,所有教员是短期间由我一手培训出来的,在长沙教育界我应该是'长沙王'。"③

---

①王凤野主编:《湖南省长沙师范学校校志》,长沙:湖南教育出版社,1993年版,第12页。
②王凤野主编:《湖南省长沙师范学校校志》,长沙:湖南教育出版社,1993年版,第14页。
③湖南省长沙师范学校编:《徐特立文集》,长沙:湖南人民出版社,1980年版,第109页。

然而，在当时那样一种历史条件下，徐特立注定将和其他教育救国论者一样，不可能实现自己的理想。因为，他们没有认清近代中国社会的基本问题，没有找到解决社会问题的正确途径和方法，而把中国落后的一切原因都归咎为教育不良，企图通过发展教育的办法来拯救苦难的中国，这是一种无法实现的救国方案。"马日事变"后，徐特立教育救国的理想彻底破灭，"少数学生无法挽回国运。大革命时农民运动起来，我才知道教育救国是我三十年来的一种幻想"[①]。他终于开始走上革命的道路。

[①] 湖南省长沙师范学校编：《徐特立文集》，长沙：湖南人民出版社，1980年版，第604页。

第二节　为革命办教育

> 为革命办教育,用革命精神办教育。
>
> ——徐特立
>
> 群众的政治文化水平不高的国家是不能建设社会主义的。我们的国家,群众文化落后,没有科普知识很难建设社会主义,扫盲是第一步的,为将来准备条件。
>
> ——徐特立
>
> 要依靠自己的双手去创造条件,克服困难,用自力更生、勤俭节约的精神把我们的学校办起来。
>
> ——徐特立
>
> 这些任务十分艰巨,要是西方的教育家,谁都会感到气馁的。但老徐正当壮年,是不会感到气馁的。
>
> ——埃德加·斯诺

早年,徐特立在湖南潜心办教育,一心走教育救国的道路。为此,他曾于1910年东渡日本考察学习,1919年至1924年赴欧洲勤工俭学,努力学习资本主义国家先进的教育思想和理论。1924年夏,徐特立回到国内,创办了长沙女子师范并担任校长,同时兼任长沙县立师范、湖南省立第一女子师范的校长,精心治理三所学校,继续实践他的教育救国宏愿。但国内形势逐渐发生变化:国民党"一大"召开后,实行"联俄、联共、扶助农工"三大政策,国共实现第一次合作。在中共湖南省委组织部长何叔衡的建议下,徐特立参加了国民党左派,以图"一起来促进国民革命"。1926年12月,他会见了回湖南考察农民运动的毛泽东,随后于1927年春回五美农村调查农民运动的情况,认识到"少数学生无法挽回国运。……教育救国是我30年来的一种幻想",于是积极投身工农运动。然而,1927年4月国民党右派公开叛变革命,5月21日长沙发生"马日事变",共产党人和革命群众遭到疯狂屠杀。面对腥风血雨的白色恐怖,徐特立冒着杀头的危险,毅然加入了中国共产党,坚定地走上了革命道路。此后,他先后参加了八一南昌起义、中央苏区建设、二万五千里长征、陕北边区建设以及抗日宣传统战工作,他的主要精力和工作则是"为革命办教育,用革命精神办教育",通过教育提高广大指战员和革命群众的文化水平和觉悟程度,以此为伟大的新民主主义革命做贡献。

一、开创中央苏区苏维埃教育

1927年夏,徐特立加入中国共产党以后,参加了八一南昌起义。起义失败后,徐特立被党组织派往苏联莫斯科中山大学学习。1930年12月,徐特立结束学习,辗转经上海、香港、汕头等地到达中央苏区。在中央苏区近4年的时间里,徐特立先后担任中华苏维埃共和国中央执行委员会第一届、第二届委员,中华苏维埃共和国临时中央政府教育人民委员部副部长、代部长以及列宁师范学校校长、苏维埃大学副校长、中央农业学校校长等职,成为杰出的"红色教育家"、中央苏区教育的卓越开创者。他创造性地运用革命的精神、革命的办法,办为革命战争、苏区经济文化建设服务的新教育,率先垂范普及义务教育,大力扫除文盲,创办师范教育,编写新教材,制定教育法规等,取得了光辉的业绩,谱写了苏区教育的新篇章。

(一)从事俘虏教育

徐特立于1930年12月30日到达中央红军的驻地宁都小布。到苏区后,他马上向组织请求分配工作。他说,只要是革命工作,无论什么都愿意干。

1931年1月3日,红军的第一次反"围剿"取得胜利,共歼灭国民党军队1个师部又3个多旅共1.5万人,抓了不少俘虏。组织上安排徐特立临时担任教育管理俘虏的工作。虽然教育俘虏对他来说完全是一个新问题,但他愉快地接受了。

徐特立教育俘虏,逐渐总结出了一套成功的经验。他从了解俘虏的情况入手,同俘虏们逐个谈话,了解他们的出身家世。他发现,绝大多数俘虏都出身于贫苦家庭,有的是为生活所迫而投军,有的是被抓壮丁抓来的。因此,徐特立认定这些人都是能争取和教育的。他在给俘虏讲课时,着重运用马克思列宁主义阶级分析的观点和方法,分析他们受苦受难的根源,宣传中国共产党的纲领和红军打仗的意义。他还以自己半辈子摸索救国救民的道路,最后冒着杀头的危险、抛弃师范学校校长的地位,抛妻别子,背井离乡,参加革命的经历,说服教育那些俘虏。他那清癯的面容、和蔼的态度、普通士兵的穿着、事理分明的谈论,使俘虏们深受感动。不少俘虏要求参加红军,做一名革命战士。

在从事俘虏教育中,徐特立作风民主,甚至能虚心接受俘虏的意见,改进管理工作。比如,最先给俘虏发放粮食时,既不登记,又不规定数量,每人要多少就给多少,结果先来的人拿得多,后来的人就拿得少,不满和争议难免就会产生。又如,部队转移时,由老百姓负责煮饭供给俘虏吃,由于送饭时间不一,有的吃得多,有的吃得少甚至没得吃了,由此常常发生一些矛盾。有个俘虏兵向徐特立提出意见,建议发放粮食应定量,并逐一进行登记;如果由老百姓供饭,就要等到各家各户都把饭做好送齐后,再统一开餐,以避免出现吃多吃少或吃不上的情况。徐特立很赞成这些办法,表扬了这个俘虏兵,并决定由他去负责发放粮食和开餐管理等工作。后来这个俘虏兵参加了红军,在艰苦的战斗中锻炼成长为一名很好的干部。

在随后的一年时间里,徐特立一边跟随部队行动,从事俘虏教育工作,一边向红军指战员学习军事知识,学习红军游击战的战略战术。1931年春,红军前委和总部为提高红军指挥员的军事素质和政治素质,在宁都黄陂背后的三堂村驻地举办部队骨干训练班,学军事、学文化、学政治。徐特立参加了这次训练班,听了毛泽东、朱德及其他部队领导干部的讲课,同时他自己也担任了学习班的文化教员。用他自己的话说:"我既当先生,又当学生。"

(二)开展扫盲教育

继第一次反"围剿"取得胜利后,1931年4月至5月、7月至8月间,中央红军又取得了第二次、第三次反"围剿"的胜利。

1931年11月7日至20日,中华苏维埃第一次全国代表大会在瑞金叶坪召开,宣告成立中华苏维埃共和国临时中央政府。一个崭新的红色国家政权诞生了。徐特立当选为中央执行委员会委员、教育人民委员部副部长。因部长瞿秋白身在上海,未能到任,徐特立代理部长,全面领导中央苏区的教育工作。

为尽快提高中央苏区党员干部、红军指战员以及革命群众的文化水平,适应战争及苏区建设的需要,徐特立决定大力开展识字运动以扫除文盲。

徐特立首先对苏区干部群众的识字情况进行调查了解。他来到兴国县的长冈、江背和毗邻的于都县部分区、乡进行调查研究。在长冈乡,他找了七八位青年妇女座谈,了解到她们都不识字。几个红军家属说:丈夫当红军去了,寄了信回来,由于请别人代念,自己家的事别人先晓得了;家里分的田乡政府会请人代耕,想告诉男人不要牵挂,安心在部队服役,也要请人代笔,没有文化真苦。闽西苏维埃政府根据当地的实际情况,尖锐地指出:乡苏政府主席不能看公文、书报、信件,乡苏政权就要落在秘书之手;一般群众不能看标语、传单、布告,不能理解党的方针政策,就不能很好地完成政府布置的各项任务;红军指挥员和战斗员不识字,就必然影响政治水平和战斗力的提高。所以,开展识字运动扫除文盲,是关系到广大群众切身利益的大问题,具有重要的政治意义,已成为巩固苏区发展革命政权刻不容缓的任务。

在中央政府和各级苏维埃政府的高度重视和徐特立的组织指导下,中央苏区的扫盲识字运动蓬蓬勃勃地开展起来。

徐特立指导中央教育部制订颁发了《夜学校及半日学校办法》《业余补习学校办法》《识字班办法》《俱乐部纲要》等文件,规定设立并规范各类业余学校与业余教育组织如何开展扫盲识字运动,通过丰富多样的方式方法,组织开展扫盲运动。最主要的有:一是组织开办大量的夜校、半日制学校、业余补习班和识字班、识字组、俱乐部、列宁室等学习场所;二是在村头路口、街头巷尾到处设立识字牌,从而形成一个遍布城乡各街巷、村组、屋场和各机关单位、企业、工厂、红军连队的业余教育网络。

徐特立撰写了《识字运动》《识字运动的办法》等文章,起草了一个扫盲教育的方案,提出了"老公教老婆,儿子教父亲,秘书教主席,马夫教马夫,伙夫教伙夫,识字的教不识字的,识字多的教识字少的"这样一套"以民教民""互教互学"

的群众识字教学法,使扫盲工作、识字运动产生了质的飞跃。在扫盲中,他从苏区群众都会唱歌,都能听懂一般的名词术语和口号,只是识字少或不识字的特点,得出这样一个结论:文化高不一定文字水平高,反之,文字水平低不一定文化低;文化不能单从文字上提高,还必须从经济上、政治上提高。于是,他在编写识字课本时,就着重采用人们平常所熟悉的如"向左转,向右转"、"打土豪,分田地"等语句为内容,有意识地把识字和从事经济、政治的斗争结合起来,让群众根据自己搞革命、闹翻身的实践去逐步地认识和掌握文字。群众要学会写字,没有纸笔怎么办?徐特立根据自己少年时学《说文》、写篆字的经验,教农民每学一个字,就用右手在左手心照写数遍以至熟练。

徐特立亲自下到根据地的各区乡,指导和编组识字委员会、分会和识字小组,把农民组织起来学文化。参加识字小组的人如果都不识字,就派一人去分会学习,回来再教其他的人。1931年9月底,徐特立在兴国县城李寿庭公祠办了一个90人的扫盲骨干培训班培训师资。这个培训班分省级和县级两个班。县级班教学以文化学习、识字为主,省级班的教学以徐特立创办的"实习批评会"方式为主。省级班的另一任务是根据苏区新教材奇缺的状况,自编乡土教材,每人编五课。一位学员仿照《三字经》,编写了宣传革命、通俗上口的《工农兵三字经》,送给徐特立,请他审阅:

天地间,人最灵;创造者,工农兵。
男和女,都是人;一不平,大家鸣。
工人们,劳不停;苦工做,晨到昏。
得工钱,数百文;稍不是,棍棒临。
……
农人苦,写不清;租税重,难生存。
炎光晒,暑气蒸;血汗尽,皮包身。
……
血汗钱,剥削尽;没出路,去当兵。
初入伍,班长咛;给洋枪,嘱小心。
官长令,须听遵;若违抗,要杀身。
……
阶级敌,一扫清。世界上,一样人。
人类中,永无争。大同现,享安宁。

此等事,非现成。全靠的,工农兵。
努力干,齐起劲。工友们,成工会。
减时间,增工银。农友们,立农会。
打土豪,把田分。士兵们,团结起。
拖起枪,到红军。工农兵,携手行。
革命事,功业成。享安乐,颂太平。

徐特立认真阅读后,热情表扬了这位学员,并作了一些修改,随后布置油印,给各夜校和小学试用。

徐特立苦心扫盲,简直到了如醉如痴的地步。他所住的村子有个童养媳,婆婆不让这个女孩参加夜校学习。他亲自上门,三番五次做婆婆的工作,终于使婆婆同意让媳妇上夜校。徐特立对这个可怜的女孩关怀备至,有空时还亲自教她识字。董必武的妻子陈碧英的文化水平低,董必武每天晚上陪着她学习一个小时文化,要外出考察时就请徐特立给陈碧英"开小灶",进行识字学习。

徐特立组织、领导的中央苏区识字扫盲运动,成绩显著。以才溪区为例:"至1934年1月,全区8782人中,除小孩子外,有6400余人,能看《斗争》的约有8%;能看《红色中华》与写浅白信的约有6%;能看路条与打条子的约有8%;能识50至100字的约占30%;能检查普通的路票,妇女占有30%。不识字的只有10%。原来行政区划属于才溪区,后来划出单独设区的通贤,全区7248人,减少了65%的文盲。能看《斗争》的占4%,约有200人左右;能看《红色中华》与写浅白信的占7%,约有345人;能看路票与打条子的占40%。识50至100字的占50%。老弱病残、无学习能力的仅占9%。"[①]才溪区在建立苏维埃政权后短短4年多的时间里,扫除文盲率高达90%,这不能不说是一个教育奇迹,这与国民党统治区高达80%的文盲率相比,确有天壤之别。

(三)发展小学教育

在开展扫盲教育的同时,徐特立清醒地认识到,开展扫盲识字运动、发展社会教育必须有普通教育的帮助,而普通教育的基础是小学教育,因此,他大力发

---

① 《青年实话》,1934年1月第3卷第8号。

展小学教育,并第一次在中国开始真正普及对学龄儿童的义务教育。他主张,在战争环境中,首先应该保证工农子弟受到免费的义务教育,给予政治上物质上可能的帮助,与此同时,对于地富子女也鼓励他们上学读书,接受革命教育。

为了发展小学教育,徐特立走访各县,发动群众创办小学校,动员家长送子女上学,并重视对原有小学的整顿、改造工作,派人到各地巡视,进行教师考核,解决办学中的各种问题。中央苏区的小学教育便在短期内恢复发展起来了。

中央苏区适龄儿童入学的普及教育取得了辉煌的成绩。1934年1月,毛泽东在第二次全国苏维埃代表大会上的报告中指出:"根据江西福建粤赣三省的统计,在二千九百三十二个乡中,有列宁小学三千〇五十二所,学生八万九千七百一十人,有补习学校六千四百六十二所,学员有九万四千五百十七人,有识字组(此项只算到江西粤赣两省,福建未计)三万二千三百八十八组,组员十五万五千三百七十一人,有俱乐部一千六百五十六个,工作员四万九千六百六十八人。这是中央苏区的一部分统计……苏区中许多地方,学龄儿童的多数进了列宁学校。例如,兴国学龄儿童总数二万〇九百六十九人(内男一二〇七六,女八八九三),进入列宁小学的一万二千八百〇六人(内男八八二五,女三九八一),失学的八千一百六十三人(内男三二五一人,女四九一二),入学与失学的比例为百分之六十与四十,而在国民党时代,入学儿童不到百分之十。"[①]中央苏区的兴国县适龄儿童入学率达60%以上,而当时国民党统治区号称教育最发达的江苏省,适龄儿童的入学率也只有13%。

(四)创办、管理学校

1.创办中央区列宁师范并担任校长

为了尽快为苏区教育培养大批合格的师资,1932年2月19日,中华苏维埃中央政府第7次常务会议讨论了中央区列宁师范学校的预算问题;3月1日,第8次常务会议听取、讨论了中央教育人民委员部委员方维夏在瑞金举办小学教师训练班的报告,通过了中央区列宁师范学校的预算,并委任徐特立为校长。

3月,徐特立利用瑞金县城北门的刘家祠堂,创办了中央区列宁师范(又称

---

①中国现代史资料编辑委员会:《苏维埃中国》,1957年翻印,第283页。

闽瑞师范、瑞金列宁师范),这是中央苏区第一所师范学校。徐特立除担任校长外,还兼政治、教学法两门课程。

闽瑞师范面向赣南、闽西各苏区县招生。第一批学员是从各地现任小学教员中选派出来的,共200余人,学习时间1个月。学习的课程有政治、算术、理化、常识、体育、劳作、游戏以及教育理论和教学方法等。学生除在校学习外,还去附近的列宁小学实习。在实习时,学生先听课,再登台讲一两节课。实习结束返校后,召开专门会议评析每个学生在讲课中的优缺点,并由徐特立进行总结。这种学习、实习的方式,非常有利于提高学生的文化理论水平和实际工作能力。

2.创办国立高级列宁师范并担任校长

为进一步满足中央苏区对各级师资的需要,教育部决定创办国立高级列宁师范学校。1932年8月,中央政府第22次常务会议上,讨论了国立高级列宁师范的组织、课程及教职员的规定,委任徐特立、何叔衡等5人为该校管理委员会委员。国立高级列宁师范是属于高等师范性质的学校,作为中央苏区各师范的"师范",担负培养初级师范、短期师范和中等普通学校、职业学校的教员的重任。校长由徐特立担任。

国立高级列宁师范校址设在瑞金县城北门的刘家祠堂,成立时将原设在那里的闽瑞师范并入,后来随中央教育部迁往瑞金城外洋溪乡。

国立高级列宁师范有教员12人。学生是由苏区各县苏维埃政府选送并经考试入学的贫苦农民子女。第一次招生400名(男生300名、女生100名)。这些学生,文化程度参差不齐,年龄也大小不一。为此,学校将学生编成高级和初级等12个班,由教员分头授课。除专任教师外,毛泽东、张闻天、瞿秋白、周恩来等都兼任部分课程,或经常到校做报告,讲述时事政治及国内外形势。

学校学制按规定为6个月,但也可按战争环境的需要适当压缩,但最低限度不得少于4个月。开设的课程有:国文、算术、历史、图画、唱歌、体操、游戏、劳作以及教育学、各科教学法等。

国立高级列宁师范学校的学生除了在校上课外,还用三分之一的时间参加教育实践和社会活动,如宣传扩大红军、慰劳红军家属等。为解决学校的经费困难,师生们自己开荒种菜、种棉花,既改善了师生的生活,又使教育同生产劳动结合起来,师生们学到了许多书本上没有的知识。

此外,国立高级列宁师范学校的师生全部参加赤卫军,实行军事化的编制,经常开展军事训练活动。学校还成立了学生公社、反帝大同盟和俱乐部,经常开展政治活动和文艺活动,使学生的课外活动十分丰富和富有教育性。当时,学校的设备十分简陋,生活十分艰苦,但是师生互助、互爱、互学,每期学生都圆满地完成了学习任务。

从1932年9月正式开课,到1934年10月红军撤出中央苏区为止,国立高级列宁师范学校招收过好几期学员,共培养了师资一两千人。

3. 担任苏维埃大学副校长

1933年8月,中央政府第48次常务会议召开,考虑到"因为革命战争的猛烈开展,环绕革命战争的每项重大工作,如,查田运动、经济建设、工人斗争、文化建设、财政工作、肃反工作、道路建设、新苏区的发展以及目前的选举运动,都需要大批干部。中华苏维埃共和国临时中央政府各部都在办训练班,为着集中领导,统一教授与学习的方向起见,决定开办苏维埃大学",并"立即进行开办"。苏维埃大学最初由毛泽东担任校长、沙可夫任副校长,1934年2月改由瞿秋白任校长、徐特立任副校长。

苏维埃大学分为普通班和特别工作班。特别工作班起初有土地、国民经济、财政、工农检察、教育、内务、劳动、司法8个班,1934年春增设外交、粮食2个班。这些特别工作班,分别与中华苏维埃共和国中央人民委员会所属各部对应。苏维埃大学是负责培养政府系统高级干部(事实上还有中级干部)、高层次管理人员和政策研究人才,进行包括公共管理在内的多个领域理论研究的干部学校,堪称国家行政学院的前身。徐特立作为驻校副校长,主持日常工作。毛泽东、张闻天、王稼祥、瞿秋白、林伯渠、梁柏台、吴亮平、陈潭秋等老一辈革命家,都曾在苏维埃大学任课。在十分简陋的条件下,苏维埃大学为各级苏维埃政府输送了大批急需人才。

徐特立对苏维埃大学所设的教育班非常重视。教育班每周至少有1~2节课的实习批评,一般都由徐特立做总结。对学生政治课、文化课和教育课的学习要求极为严格,学生结业时要经过严格的考试,成绩合格者发给毕业证书,并在毕业证书上注明适合分配的工作。学生毕业后大多数被派到各地教育行政部门担任负责工作或当巡视员,以推进苏维埃教育事业的发展。

1934年4月,苏维埃大学改名国立沈泽民苏维埃大学;7月,奉命合并到马克思共产主义学校即中共中央党校,结束了它那短暂而光辉的历史。

4.担任中央农业学校校长

中央苏区所处的江西虽然历来是农业大省,但在井冈山、瑞金等地,农业技术相当落后。要发展农业,必须迅速普及农业技术。为此,教育人民委员部和土地人民委员部于1933年在瑞金东山寺创办了中央农业学校,校长由徐特立担任。

《中央农业学校简章》规定,中央农业学校的任务是:培养农业建设中下级干部;搜集苏区农民群众经验和农事试验场的经验,加以科学地整理,广泛进行一般农业技术传播;与土地人民委员部建设局建立亲密的联系,计划苏区的农业建设。学校设有本科、预科和教员研究班。预科学习时间为2个月,本科1年。教员研究班是由教员组成的农业科学研究机构,主要开展农业科学实验和成果的推广。学校实行校长领导下的委员会负责制,由校长和管理委员会管理学校的行政、教务、训练事务。学生入学由土地人民委员部介绍,毕业后交土地人民委员部分配工作。

作为教育家,徐特立在农业学校特别强调农业教学必须与环境高度结合。中华人民共和国成立后他回忆:"我们办农业学校,校长也是我委派的。我到那里一看不对,我告诉他们,农事试验场必须注意生产,解决生活问题,不然大家不会注意。去搞学术,离我们生活太远。试验要和农场联系。我教化学没有实验品,从大环境了解也教得成。我觉得书本不如标本,标本不如植物,农场植物不如大自然植物,一切东西离不开环境。因此,我反对蒙台梭利的恩物,只是给他准备好条件去玩。"①

徐特立还亲自编写了适合苏区气候环境和土壤条件的《农业常识》教材。在

---

① 武衡、谈天民、戴永增主编:《徐特立文存》(第三卷),广州:广东教育出版社,1995年版,第89页。

此基础上，高度强调理论联系实际，无论在农业常识教育和农业实践方面都成绩卓著，可惜随着第五次反"围剿"失败，敌人血洗苏区，这些成就都灰飞烟灭。徐特立对此甚为惋惜，晚年还念念不忘此事："我再谈谈我们在江西办农业学校的困难情况，那时江西被敌人封锁，穿衣成问题。办农业学校，首先要解决植棉问题，可是我们没有内行的老师，当地农民也没有植棉的经验，甚至没有植棉的书，没有同样品种的棉籽。我们就实验着种，经过大半年的摸索，关于植棉的旱涝问题、品种问题、施肥问题、整枝打杈问题、播种期成熟期问题，我们取得很多经验（因收棉后就开始长征，这些经验也未及在江西推广）。"①

（五）组织编写教材

中华苏维埃共和国临时中央政府成立后，随着革命根据地教育事业的蓬勃发展，彻底废除帝国主义奴化教育、封建礼教教育和国民党党化教育的教材内容，编写政治教育、军事教育、文化教育和生产、生活教育的新教科书，便成为发展苏区教育的迫切任务。

为了编写好新教材，1932年6月，中央政府第16次常委会做出决定：教育部组织编审委员会，由徐特立担任主任，关蕴秋、施洪光、肖乾为委员，对中央苏区学校教科书开展编审工作。编审委员会重点从事两方面工作：一是组织专人编写新教材；二是搜集各地编写的教材，加以审查和修订。但由于人力紧张，除重要的材料外，还有部分图书的编写任务分配到各省县苏维埃政府承担。为此，各省苏维埃政府也相继成立了出版委员会或编审出版科，除了专门编辑课本外，还负责审查过去所编订的课本与下级教育部门及个人编写的教材。

徐特立对于教材的编审工作抓得很紧，指导明确具体。对于苏区编写出来的各种教材，他都一一过目，并提出精当中肯的意见。在那时编印的一本小学语文教材的前面，印有这样一段话：

> 这部书编给一般儿童初就学用的，暂编八册。此书编好四册后，便付给苏维埃中央政府教育部长徐特立同志审查，特立同志审查后，他指出本书的缺点，太偏重于政治，日常事项太少，且内容深浅，几册都没有什么区

---

① 武衡、谈天民、戴永增主编：《徐特立文存》（第四卷），广州：广东教育出版社，1995年版，第413页。

别。……特立同志来信说:此项读本为应目前需要,用一二学期后或再编或改正,当更增完善,目下可不用中央教育部审定的名义。

中央教育部在徐特立主持下,1933年7月编辑出版的《共产儿童读本》成为受苏区列宁小学普遍欢迎的教科书。其第1册共有34课,第20课、21课讲的是反封建迷信,内容非常实际、生动:

> 木菩萨怕火,
> 泥菩萨怕水,
> 菩萨,菩萨,
> 你有什么灵呢?

> 有口不会说,
> 有手不会做,
> 有足不会走,
> 有耳有眼不会听看,
> 菩萨,菩萨,
> 你有什么用呢?

这两篇课文,图文并茂,生动形象,朗朗上口,对于破除封建迷信、宣传唯物论思想十分有利。

徐特立通过中央教育部发通知、训令以及给送审教材写意见等方式,确定了中央苏区教材编写的五个原则:一是实施无产阶级教育的原则;二是以马列主义为指导,介绍马列主义和苏联文化的原则;三是文化知识与政治教育相结合的原则;四是与当前斗争、群众实际相结合的原则;五是符合学习者心理特点的原则。

徐特立在努力做好中央教育部编审委员会工作的同时,在百忙之中还亲自参加教材的编写。他和刘函玉一起合编了《自然常识》教材。这本教材将"自然常识"分为三个类别:一是天文地理类,共9课;二是理化类,共7课;三是生物及生理卫生类,共12课。全书共28课。在革命战争环境下,中等学校学生在一年的时间里,学习完这些内容,也就掌握了基本的自然科学常识。

1934年6月，徐特立编写的《农业常识》课本由中央教育部编审局印刷出版。这本教材分上、下两册。上册26课，讲述水稻、棉花、甘薯、甘蔗、豇豆、小麦等农作物与气候、土壤知识，以及病虫害的防治，还有猪、牛、鸡的饲养等；下册18课，讲解农作物的栽培管理。这些知识，非常切合苏区农村生产和生活的实际，也很适合做中央农业学校的教材。下册每课还设有复习思考题，这对于教学双方抓住重点，进行教学和做好预习、复习，都是十分有效的。

在徐特立卓有成效的领导和带头编写教材的示范下，中央苏区教材建设呈现出百花盛开的局面，取得了很大的成绩。这些教材，总量多达130余种，内容涉及小学教育、红军教育、干部教育和专业教育等多个方面，基本满足了当时革命斗争需要和工农兵及其子弟学习文化、政治、军事等方面所急需，保证了苏区教育工作的顺利开展。

（六）制定教育政策、法规

在中央政府的重视下，中央苏区法制建设进展很快。到1934年4月，有关教育的各种简章、大纲、条例、章程、制度、办法等相继制定出来。为了便于贯彻实施，在瞿秋白、徐特立的主持下，教育人民委员部把中央政府颁布和教育人民委员部制定、批准或审定的24个教育规章，以及兴国县乡村的教育经验总结汇编成册，定名为《苏维埃教育法规》予以颁发。这是中国共产党领导下颁布的第一部教育法规，它标志着中央苏区教育法制建设进入了一个新的阶段。

苏维埃教育法规内容广泛，形式多样，涉及文化教育的许多方面，比较全面和系统。废除国民党政府实施的旧文化教育，建设新民主主义的新文化教育，这条红线贯穿始终。

《中华苏维埃共和国小学校制度暂行条例》《小学管理法大纲》《小学课程教育大纲》《短期师范学校简章》《初级师范学校简章》《高级师范学校简章》《短期职业中学试办章程》《中央农业学校简章》《苏维埃大学简章》对教育经费的筹措、各学校的组织机构、日常管理的规则、培养目标、学校制度、招生办法、教员的配备、改革教学内容、教学方法的原则等，都做了明确的规定。这些文件规定：小学教育招收8至12岁的儿童，学制5年，前期3年，后期2年；职业中学招收13岁到16岁的少年入学，学制4年，先办1至2班的短期职业中学；16岁以上的工农、干部、教师和其他人员可以分别进农业学校、戏剧学校、师范学校、苏维埃大学深造,或进夜校等各种业余学校学习。建立新的文化教育制度,确保在旧社会 90%以上都是文盲的工农及其子女掌握文化教育权,这是颁布苏维埃教育法规的基本指导思想,也是文化教育立法的根本目的,具有鲜明的时代特征。

《夜学校及半日学校办法》《业余补习学校办法》《识字班办法》《俱乐部纲要》等文件,规定建立并规范各类业余教育组织及如何开展活动;《苏维埃剧团组织法》对中央苏维埃剧团的组织、任务、管理等做了明确具体的规定;《高尔基戏剧学校简章》规定:该校由中央教育部艺术局直辖,以培养苏维埃戏剧运动与俱乐部、剧社、剧团干部和艺术人才为目的。

《俱乐部纲要》指出:"俱乐部应该是广大工农群众自我教育的组织,集体的娱乐、学习、交流经验和学识,以及发扬革命情绪,赞助苏维埃革命战争,从事于文化革命为目的,所以,俱乐部是苏维埃社会教育的重要组织之一。"把俱乐部作为某一地域或单位群众文化工作的负责机构。各地的消灭文盲协会、工农通讯协会、各种学术研究会或体育、文艺等研究会,以及工农剧社分社,在行政管理上均属于俱乐部,而在业务上则属于各自的上级管理部门。列宁室是苏区基层的群众文化组织,原则上是农村以村为单位,设一列宁室,红军总政治部规定每一连队设一列宁室,直属于俱乐部领导。从俱乐部、列宁室的组织系统和实际活动的情况来看,中央苏区群众文化建设组织严密有序,活动丰富多彩,有助于革除陈规陋习,提高人们的文化思想水平。

《苏维埃教育法规》是中国教育史上人民文化教育工作的第一部法规,是革命根据地广大军民从事新民主主义文化教育建设实践经验的总结,是以毛泽东、瞿秋白、徐特立为代表的中国共产党人依法治教的第一次可贵尝试。它的颁布是中国教育史上的一件大事,有着重要的历史意义。

二、主持发展陕北边区教育

1935 年 10 月,经过艰苦卓绝的二万五千里长征,徐特立随中央红军胜利到达陕北的吴起镇。此后,徐特立先后担任中华工农民主共和国中央政府西北办事处教育部部长、陕甘宁边区教育厅厅长、延安自然科学院院长及中宣部副部长等职。面对比江西苏区更加贫瘠、落后的陕北边区，徐特立没有气馁，他在总结中央苏区开展教育工作经验的基础上，采取更加广泛的群众路线和符合客观实际的工作方法，一步一步地把陕北的教育事业发展起来，为陕北边区建设做出了重要贡献。

（一）推广新文字，开展扫盲运动

1935年11月3日，中华工农民主共和国中央政府西北办事处成立。办事处初设七部一局，徐特立担任教育部部长，全面领导陕北苏区的教育。11月17日，徐特立到达陕甘宁边区政府所在地——甘泉县阎家沟村列宁小学，开始了新的使命。

为了尽快发展陕北教育，徐特立着手对陕北的教育情况进行了认真、详细的调查。他很快发现，陕北地区相对于江西苏区，在经济和文化方面都显得更为落后。在这里，他的工作将面临更为艰巨的任务和挑战。一是观念落后。陕北的老百姓普遍不重视教育。父母亲对子女既不知道怎么"养"，更不知道怎么"教"，更要命的是不重视"教"。在那里，男孩子大多不上学，很小就在家里照看弟弟妹妹，或者帮着大人去放牧牛羊，或者下地干活。至于女孩子，因为封建落后思想作怪，父母更是不会让她们去上学的。因此，陕北"失学的儿童特别多"。百姓不重视教育的另一个后果是，教师根本不受重视和尊重，"小学教师不为农村所尊重"。革命根据地建立后，边区政府积极发动百姓将孩子送到学校去读书，可是，不少父母亲竟然担心儿子读书识字后会成为"公家人"，使家庭减少一个劳动力，因而不愿意。二是文化设施奇缺。这是一片地广人稀的土地，村与村之间相距常在十里、二十里，学校非常少，儿童上学很不方便。这里没有印刷厂，一切书籍文件，都要靠油印和石印。甚至，这里也非常缺少纸张，用纸要依靠自己制造。"哪怕一张最普通的纸都是最奢侈的东西。甚至印刷人不得不从煤烟中自制墨水，徐特立不得不自己发明用灰做的粉笔。"[①]三是文盲率奇高。由于以上原因，加上累代相传，导致陕北边区几乎文盲遍地，"全边区识字的人仅占全人数的百分之一"，"知识分子严重缺乏，文盲高达百分之九十九"。不仅普通百姓多数不

---

① 尼姆·威尔斯著，陶宜、徐复译：《续西行漫记》，北京：解放军文艺出版社，2002年版，第85页。

识字,就连乡村苏维埃干部,一般也都不识字,妇女识字的更少。当时全苏区共辖 23 个县,将近 200 万人口,具有初级、高级小学文化的人仅 120 个。其中,盐池县每 100 人中只有 1 人识字,华池县则平均每 200 人中才有 1 人识字。边区实行选举时,由于大多数人都不会写选票,只好采用投豆子的办法来进行选举:"金豆豆,银豆豆,豆豆不能随便投;选好人,办好事,投在好人碗里头。"

针对边区文盲众多的状况,徐特立指出:"群众的政治文化水平不高的国家是不能建设社会主义的。我们的国家,群众文化落后,没有科普知识很难建设社会主义,扫盲是第一步的,为将来准备条件。"①为此,他积极指导开展群众扫盲运动。

为了尽快推动扫盲工作,徐特立在边区积极推广新文字(拉丁字母拼音),成为新文字运动的积极倡导者和推动者。他说:"我万分相信,新文字是扫除文盲的最好工具。""1936 年冬,在保安我开始用新文字教育残废军人和小学教员,并用新文字办学校,这样,新文字运动就在各处发展起来。"②

在徐特立的倡议下,1936 年 7 月,志丹县办起了夜校,开始了运用新文字扫盲的实验工作。

在办扫盲夜校经验的基础上,这年冬,徐特立招收了一批不识字的红军中的青年男女战士和地方的青年积极分子,创办了扫盲师范,亲自担任校长。扫盲师范是在极端艰苦的条件下办起来的,没有课桌,徐特立就带领学员到河边搬回石板,支撑起来当课桌;没有教材和教师,他就用新文字自编自教。经过徐特立的精心培养,入校学习的学员在两三个月后,便学会了新文字。学生毕业后,分配到各地开展扫盲工作,新文字运动在边区迅速开展起来。此后,边区党委机关和部队的"救亡室"和"文化室"都开始举办新文字学习班。例如,在绥德分区,新文字工作组的同志负责教三四个机关的新文字,400 多个讲习班学员在工作组同志的帮助下大多数人也学会了新文字。在安定县,举办了新文字展览会,进行了新文字的化装宣传,召开了新文字座谈会,出版了新文字街头墙报。③

---

① 王云风主编:《徐特立在延安》,西安:陕西人民教育出版社,1991 年版,第 204 页。
② 吕夷主编:《人民教育之光——纪念徐特立诞生 115 周年暨徐特立教育思想研讨会文集》,西安:陕西人民教育出版社,1993 年版,第 167 页。
③ 吕夷主编:《人民教育之光——纪念徐特立诞生 115 周年暨徐特立教育思想研讨会文集》,西安:陕西人民教育出版社,1993 年版,第 166 页。

为纪念鲁迅,1937年3月,在徐特立倡议和主持下,扫盲师范更名为鲁迅师范。学校非常重视新文字教育,不仅扩大原来的扫盲班,还招收了红军中一部分不识字的连排级干部、勤杂人员、红军家属及四方面军中在川陕苏区做过基层工作的干部和医护人员,先教新文字,再用新文字学汉字、学文化、学政治、学科学。鲁迅师范扩大招生后,入学学生的文化程度有了提高,但新文字仍列为必修课。学生中还组织有拉丁化先锋队,每星期六晚上派队员在演说会上宣传新文字,每星期日到小学校里教小学生学新文字,每两星期在校内出一次新文字墙报。鲁迅师范在实施新文字教育方面做出了突出的贡献。

1948年7月,山东解放区召开教育会议,徐特立给会议负责人写了一封信,根据自己在陕甘宁边区用新文字扫盲所取得的经验,恳切地提出:用新文字扫盲是一条捷径,我们应该采用;运用新文字可帮助学生学习汉字,并有利于学习外文。①

美国记者埃德加·斯诺在《西行漫记》、尼姆·威尔斯在《续西行漫记》中,都把徐特立称为推行新文字最热心的人。尼姆·威尔斯的《续西行漫记》中这样记载着徐老自信满满的话:"我们所有拉丁化字母,在三个月内,教会一个人读书、写字。能在二年之内使他精通,他所因而阅读报纸和普通的社会政治谈物。用旧字来获得这同样的结局,至少在教室里读书十年。"亲眼看着这位年过六旬的老教育家徐特立精神奕奕、不知疲倦地推广着新文字,尼姆·威尔斯忍不住发出热情的赞叹:"(徐特立)在西北那些荒芜孤独的村庄里,为普及教育而勇敢地战斗着。他是推动语言拉丁化的热心分子。"②是"中国教育从文言进步到新文化的一个活的记录"③。

(二)发展小学教育

徐特立除了积极倡导推广新文字,大力扫除文盲外,还着力发展小学教育,坚持把小学校办到村子里,办到农民的家门口。

---

① 武衡、谈天民、戴永增主编:《徐特立文存》(第三卷),广州:广东教育出版社,1995年版,第275页。
② 尼姆·威尔斯著,陶宜、徐复译:《续西行漫记》,北京:解放军文艺出版社,2002年版,第85页。
③ 湖南省长沙师范学校编:《怀念徐特立同志》,长沙:湖南人民出版社,1979年版,第30页。

1935年11月7日，徐特立随西北办事处转移到瓦窑堡——陕甘晋省委所在地。一到这里，他就深入列宁小学听课，并听取教育情况汇报。

为了普及小学教育，徐特立指导各地分别情形，采取公办、私办、巡回流动、半工（农牧纺）半学、全日制、半日制等各种形式，尽可能地多办、办好小学校，尽可能多地让农民的孩子入学。一时间，陕北出现了办冬学（扫盲）的热潮，也出现了办小学校的热潮。据统计，办起来的小学约430所。

为了迅速地给陕北苏区培养出第一批人民教师，1935年冬天，就任教育部部长不到3个月的徐特立创办了一个列宁小学教师训练班。训练班共有80多位学员，徐特立亲自担任主任并给学员讲课，还亲自编写教材。就这样，陕北苏区教育师资的星星之火点起来了。

1936年1月，徐特立在瓦窑堡深入小学教师寒假训练班，了解根据地教育状况，并亲自上课，勉励大家搞好根据地教育工作。

1936年7月，埃德加·斯诺抵达当时中共中央所在地陕北保安（今志丹县）。徐特立接受他的采访，介绍了根据地的教育状况，并表示"我们在这里是能够做到使全中国震惊的事情"[①]。斯诺后来在《西行漫记》中，专门写了《人生事业五十始》一文，介绍徐特立其人及其在革命教育事业上的贡献，并给予了极高的评价。他指出，在陕北这样的地方办教育，"是西方的教育家，谁都会感到气馁的。但老徐正当壮年，是不会感到气馁的"。

（三）指导鲁迅师范

鲁迅师范是在扫盲师范的基础上经过扩大和发展而成立的，这是陕甘宁革命根据地建立的第一所中等师范学校。学校最先办在延安，后来迁到延长，再迁关中新正县。王志匀、林迪生先后担任校长。

鲁迅师范的学生随到随考，最多时有360多人。由于学生的文化程度参差不齐，因此，将高级小学文化程度的部分学生编入师范班，初级小学程度的学生编入预备班。设置的课程有政治常识、自然常识、史地、新文字、国文、算术、国防教

[①]王云风主编：《徐特立在延安》，西安：陕西人民教育出版社，1991年版，第273页。

育、教学法、管理法、军事常识、军事训练等。学生在课外还参加俱乐部活动和校外社会活动。

为了推动学校的巩固和发展,1937年六七月间,徐特立来到鲁迅师范,坐镇两个来月,手把手地指导校长王志匀如何管理学校、开展教学工作,并且亲自为学生授课,给鲁迅师范的教师们进行教学示范。

这一时期,学校一边在延长招生,一边由教育部通令边属县份保送学生。全校学生很快由20多人增加到360人。班数由1班增加到8班。师范的学制也非常灵活,有半年毕业的,有一两个月毕业的,以便最好地满足边区教育发展的需要。

鲁迅师范为推动边区教育工作的开展做出了重要贡献。一是广泛推行新文字。针对一些人关于新文字能否代替汉字、能否发表意见的疑虑,鲁迅师范曾做过新文字是否行得通的试验,证明新文字不但学得快写得快,而且能正确地发表意见,进而在边区广泛推行。二是它给边区培养了许多优秀的乡村文化工作干部,大大推进了边区文化的发展。边区400多所小学,他们的教员大都是在鲁迅师范受过训练的学生。三是极大地推动了冬学工作运动。冬学运动就是在冬季利用农闲的时候,给儿童或成人实行补习教育。1937年底,边区成立了600所冬学,需要大量教员,其中相当部分就是由鲁迅师范的学生担任。除原有师范学生外,学校还成立了一个冬学教员短期训练班。这些学生除担任冬学教学工作,还四处奔波,帮助学校发动群众,招收学员。四是部分学员还帮助地方政府做政治宣传、动员工作,促进了边区的建设和发展。

(四)担任延安自然科学院院长

延安自然科学院是中国共产党创办的第一所理工科高等学校。

据王志匀回忆,延安自然科学院创办之前,徐特立曾经向毛泽东写了一封信,说明革命成功以后,搞经济建设要靠科学,要靠科学技术人才,极力陈述共产党在自然科学方面要有所作为,提议成立自然科学院,并推荐李富春兼院长,他自己和陈康白、康迪三人为副院长。[①]徐特立审时度势提出的主张得到党中央

[①] 徐禹强、徐文浩主编:《万世师表徐特立》,北京:中国档案出版社,1998年版,第496页。

的支持。1940年1月,延安自然科学院正式成立,由中央文委领导,院长由李富春兼任。

当时,徐特立身为八路军的高级参议,正主持八路军驻湘通讯处工作,辗转于长沙、衡阳、桂林等地。1940年12月,徐特立回到延安,接任延安自然科学院院长,着手推动学院的全面建设和发展。

学院创办初期,正是陕甘宁边区经济最困难的时期。面对办学中遇到的重重困难,徐特立教育师生,要有革命的理想,"要依靠自己的双手去创造条件,克服困难,用自力更生、勤俭节约的精神把我们的学校办起来"[1]。砖块木头当凳子,弯着双膝当课桌;没有纸笔,就用鸡毛管或树枝在地上写算;窑洞不够,大家动手挖。从山脚到山顶,窑洞叠了好几层。每孔窑洞,教师住三人,学生住八至十人,整个学院占了好几个山头。当时的伙食很差。没有细粮,小米棒子面也不多,平日只有一种作饲料用的黑豆代替主食,难吃难消化。至于蔬菜,经常只是一碗山药蛋汤。黑豆代替主食青年人都难以下咽,徐特立年老牙齿不好,经常因为咀嚼困难嘴里磨起了血泡。

为了在物质极端贫乏的条件下把延安自然科学院办好,解决学院师生的生活困难,60多岁的徐特立还经常同师生一起参加学院建设性的生产劳动,打窑、砍柴、运粮、纺毛线、打草鞋、开荒、种菜、种粮、养猪等,以及各系的科研生产活动——炼铁、炼焦、制糖、制造纺车、造农具等。

徐特立处处以身作则。按政策规定,他可以一人住一孔窑洞,但他坚持与张凌光、沈哲民两位青年教师同住一个窑洞。晚上,三人共用一盏小油灯办公。

他每天要到学院各处巡视,从这个山头转到那个山头,上上下下,从不畏难。雨天,他打着赤脚,坚持到各个窑洞查询教学情况。

为了统一思想,办好学院,徐特立在学院内发动了教育方针大讨论,接着按照学科的性质和当时及长远的需要设置科系与课程,以及创设实习基地。

---

[1] 湖南省长沙师范学校编:《怀念徐特立同志》,长沙:湖南人民出版社,1979年版,第56页。

延安自然科学院办学条件虽然简陋，但人才济济。徐特立充分利用这一优势，大力开展科学研究和学术活动。当时陕甘宁边区的自然科学研究会，是我党组织的第一个自然科学学术团体，学院的多数教师参加了研究会学术活动，并有武衡、阎沛霖、聂春荣、李苏、乐天宇、黎雪、武可久等人，分别担任研究会中地矿学会、机电学会、化工学会、生物学会、航空学会、土木学会的负责人。

在延安自然科学院，徐特立对兴办自然科学高等教育提出了许多具有远见卓识的思想。例如：教育、科研、经济"三位一体"；科学的中心任务是经济建设、党的领导、群众本位、教育民主、吸取人类知识的一切遗产、实事求是、不自以为是，等等。

在教育、科研、经济"三位一体"的办学思想指导下，学院师生因陋就简、因地制宜，和有关经济建设部门加强联系，为边区的经济建设和抗战建国做出了巨大贡献。其中，马兰草造纸、新方法制盐、发现南泥湾，是延安自然科学院为边区经济建设建树奇功的三个最突出的事例。"三位一体"的办学思想，表现出相当的超前性和先进性，更被后来各国兴建大学科技园区、工业园区、硅谷区，走"产学研一体化"的发展道路所印证。

经过徐特立等人的苦心经营，延安自然科学院不但在解决延安军民生活、战斗物资困难方面发挥了重要作用，而且为抗战建国培养了500多名优秀人才。

第二章

"一生都是教书"
——热爱教育事业的典范

1912年，徐特立借用善化学宫创办长沙师范，图为善化学宫旧貌

师德楷模徐特立

1937年六十大寿时,徐特立写了一篇《六十自传》,其中写道:"我的职业和事业:一生都是教书。从蒙馆、初小、高小、师范,一直到高等师范,我都任过教员。在高等师范当教员时也没有脱离小学校职务,因为我爱教小学生。"①

1968年11月28日,91岁高龄的徐特立在北京病逝。中共中央为他举行了隆重的追悼大会,悼词指出:"徐特立同志十九岁②开始教书,由从事平民教育发展到从事无产阶级教育,七十年如一日,兢兢业业,勤勤恳恳,献出了毕生的精力和全部智慧,做出了卓越的贡献。"③"徐特立同志是一位杰出的无产阶级教育家。他遵循以毛泽东同志为代表的马克思列宁主义路线,为创造新民主主义教育事业做出了卓越的贡献,为社会主义教育事业做了奠基的工作。他又红又专,学识渊博,通晓哲学、社会科学和自然科学;他懂得很多,却时刻以为不足,做到了活到老,做到老,学到老,革命到老;言传身教,教育了几代青年,桃李满天下,不愧为人民师表。"④

可以毫不夸张地说,徐特立确确实实做到了"一生都是教书"⑤,践行了他自己"把做教师看成是终生的事业,干到底"⑥的誓言,不愧为热爱教育事业的典范。

---

① 湖南省长沙师范学校编:《徐特立文集》,长沙:湖南人民出版社,1980年版,第107页。
② 当时依习惯用农历,称虚岁。
③ 湖南省长沙师范学校编:《徐特立传》,长沙:湖南人民出版社,1984年版,第206页。
④ 湖南省长沙师范学校编:《徐特立传》,长沙:湖南人民出版社,1984年版,第207页。
⑤ 武衡、谈天民、戴永增主编:《徐特立文存》(第一卷),广州:广东教育出版社,1995年版,第142页。
⑥ 戴永增、肖传京、郭建平编:《徐特立教育论语》,北京:人民教育出版社,1999年版,第53页。

第二章 "一生都是教书"

第一节 从旧教育到新教育

> 我私人创办过两个高级小学和一个初级小学,其中有一个高级小学办了十三年。创办一个二百人的初级女子师范学校,只办了三年,遭着大革命失败,停办了。创办一个男子师范,有四百学生,因没有能力支持下去,交给长沙县办。
>
> ——徐特立
>
> 长沙县的教育,民国八年以前,差不多都是我一手办的。不但办了男女两所师范,而且创办了实习批评会、教员训练班,一周的、一月的、三月的,各种各样的都有。长沙一共八百所小学校,所有教员都是短期间由我一手培训出来的,在长沙教育界我应该是"长沙王"。
>
> ——徐特立

徐特立自 9 岁入私塾读书,接受了 6 年传统教育,打下了旧教育的基础。18 岁时为了养家糊口,开始当蒙馆塾师,走上了从事旧教育的道路。但他的可贵之处在于,一旦养家糊口的问题解决后,他马上将眼光投向更广阔的世界,于 1905 年入读宁乡速成师范,接受新式教育,并进而积极创办新学,传播新教育,实现了自身的一个重大转变。

一、十年塾师

1886 年,徐特立 9 岁时,吃过没有文化苦头的父亲东拼西凑地筹措了一点学费,将他送到村外的一个蒙馆,接受私塾教育。12 岁时,他被过继给伯祖母为孙,继续在私塾读书学习,直到 3 年后伯祖母去世,他不得不辍学,回家独自支撑家业。但经过这 6 年的私塾学习,加上自己的刻苦努力,徐特立成了村里不多见的知识分子。

这时,这位年仅 15 岁的少年,面对一个严峻的现实问题:找一个什么样的合适职业,作为谋生之道,以养家糊口?

开始时,他想继承祖父的"衣钵",做个乡村医生。他找来了祖父的中医书,一本本地翻读。祖父还留下一些讲卜卦、算命和讲堪舆的书,他也一本本地找来读了。同时,他还翻看过最粗俗的劝世文和唱本。徐特立后来把他这一段生活经历称为"思想杂乱的时期",并认为自己的"头脑完全封建化了"。

然而,徐特立在6年私塾学习生活中,所接受的不是标本的"子曰诗云"教育,虽然也读过儒家的经书,也读过禅宗语录等等,但他从那些唯心派的哲理中发展了自己的思考力。那些杂乱的思想进入他的头脑中后,他没有让它们定居,就加以比较、验证,最后淘汰了。例如卜卦,他学会之后,常爱对比验看。他发现自己卜卦之后,照卜辞判断,常不灵验,而其他卜者常灵验,细究他们的判词,发现均是两可的骑墙语。他由此断定阴阳家都是走江湖的骗子。从此以后,他就不再相信卜卦、算命和堪舆这类东西了。

在"思想杂乱的时期",徐特立还发现,阴阳家是以金、木、水、火、土做理论基础的,中医的医学理论也是用金、木、水、火、土这种抽象化的理论做基础,但他认为做医生必能治病,是有别于阴阳家的骗术的。因此,当他杂读一顿的时候,还是约束自己,以研读医书为正课。他用心地研读了两年多。学习中医,没有老中医作必要的指点,完全靠自己钻研,困难是不少的,有的困难还很难越过。例如,脉象是中医辨证的一个重要依据。当徐特立读医书读到二十八脉的细、微、弱三脉时,对细脉和弱脉的差别,虽十分用心,却总分不清。这使他感到学中医太难了,自己不可能学好,学不好,将来必定自误误人。

苦苦摸索3年后,18岁的徐特立结合当时的时势和自身情况,反复权衡各方利弊,决定去当塾师,自此迈开了"一生都是教书"的第一步。他认为一面教书,一面读书,"可以有进步,又可谋生"[①]。

徐特立做私塾老师的时候,科举考试制度还没有停废,读书、应试、入仕,还是一般士子所梦想和追求的事。徐特立虽说是抱着读书明理的志趣开始他的塾师生

[①] 武衡、谈天民、戴永增主编:《徐特立文存》(第五卷),广州:广东教育出版社,1995年版,第339页。

活的,但他对于习举业也有自己的一些想法和打算。他晚年回忆说,当他对于做医生还是当塾师作最后抉择之际,曾经给人家写过两篇祭文,觉得自己还能够写文章。随后试写"八股文",居然在一天中完成了一篇,这使他更加觉得,学中医自问必不可能,倘若习举业,日后应试,也许会一路考中上去,甚至说不定还可能中个状元。因为做医生要行动,能实际为人治病,光懂医理还不成;习举业只要会写八股文章就够了,因而他决定一面教书,一面兼习举业。

但是,教书这一行也并不是那么好混的。俗话说:"瘠薄的山巅长不出苍天树,肥沃的沟谷才会育出栋梁材。"在当时的农村,如果发生因没有文化而吃了亏的事件,叫吃哑巴亏,没有人会去同情他,人们甚至也不去指责占了便宜的一方。但是,如果教书先生在课堂上出现了念白字或写错字的情况,则任何一个人,包括校长、同事、家长、学生甚至过路的人都会喊打。虽然并不真打,但饭碗是绝对没有了,颜面也会因此而丧尽。

因此,徐特立一边认真教书,一边刻苦读书。他回忆:"教书一年,平均可以收入二十串钱,八百钱一石谷,二十串可买二十五石谷,余钱可以多买书了。我要读地理,因不读地理,书读不通;还要读数学,因为经书中有许多关于数学的问题。每读经书,遇到疑难,就要去追寻。因此,虽读古书,不自觉地就引入到近代科学了。在当时,做八股才有出身;不会八股,所读的书对于自己的社会地位便等于无用,想进学非读八股不可。读书求学问,进学不进学不去管他,我准备十年读书,读到三十岁,书也能读通了,谋生问题也解决了。"[①]

离他家七八里地有一个经馆,经馆的主人王砚秋先生是个秀才,以讲授经学闻名乡里。这位王砚秋先生也就是后来成为徐特立的学生和战友的熊瑾玎的舅父。徐特立白天在私塾教书,晚上跑到经馆去听王先生讲授"四书五经"和士子应试须知的八股文章。

当然,在这 10 年塾师期间,徐特立并非完全沉迷于故纸堆。诚如鲁迅先生所言:"有谁从小康之家而坠入困顿的么,我以为在这路途中,大概可以看见世人的真面目;我要到 N 进 K 学堂去了,仿佛是想走异路,逃异地,去寻求别样的人

---

① 武衡、谈天民、戴永增主编:《徐特立文存》(第五卷),广州:广东教育出版社,1995年版,第339页。

们。"①当时的湖南,风气日开,一些传播西方文明的书刊开始在乡村里辗转流传。徐特立在博览经、史、子、集的同时,也阅读过不少新的书报。其时,他特别喜爱梁启超、谭嗣同写的那些文笔泼辣、议论纵横、富有鼓动性的文章,甚至一度自命为康梁的信徒。然而,戊戌维新失败,谭嗣同等"六君子"惨遭杀害,两年后八国联军入侵和《辛丑条约》签订等事件又相继发生,使他彷徨、忧愤。如何拯救国家民族于危亡,他苦于找不到正确的道路。在愤激、迷惘之中,他朦胧地觉得只有人民一齐起来反抗,中国才有出路。

"十年破产读书计划"执行到第八年,也就是1905年,家里经济濒于破产。然而,功夫不负有心人,28岁的徐特立不仅饱读经书,而且拥有了比较丰富的新知识。"当时由于知道科学的人甚少,这一来,我的社会地位提高了,年金由十四串升到六十串,一跃几倍。十年破产读书的计划胜利了。"②这时他教书所得,除维持妻室儿女的温饱外,还有一点积余。如果就此安心过日子,已经基本不成问题了。

但是,徐特立并不安心当一个农村塾师,更不迷恋于个人的小康家庭。这时,他考虑的问题已经完全不同于20岁以前,他觉得现在该为国家民族的兴亡盛衰分忧了。他认为自己应该离开狭小的五美山,到更为广阔的天地去进行新的学习,以探索救国救民之路。恰巧,他认识了姜济寰、何雨农两位乡村塾师,这是两位志同道合的朋友,于是3人相约一起去报考同盟会会员周震鳞先生在长沙城里创办的宁乡速成师范,3人都以优异的成绩被录取。从此,徐特立结束了将近10年的农村塾师生活,开始了新的教育历程。

二、创办新式教育

当时上私塾读书,后来又叫读老书。因为戊戌变法以后,各地开始有教会办的洋学堂,读的是洋书。所谓洋书,既包含社会科学和自然科学,又有体育、唱歌等。在当时落后的中国人看来,那些都是新玩意、洋玩意,所以叫读新书、读洋

---

① 鲁迅:《呐喊》,北京:人民文学出版社,1973年版,第1页。
② 武衡、谈天民、戴永增主编:《徐特立文存》(第五卷),广州:广东教育出版社,1995年版,第339页。

书。就读宁乡速成师范,为徐特立进一步打开新学之窗,坚定了他一生献身于教育的志向,导致了他在政治思想和教育理念方面的两大转变。这种转变,实际上是徐特立逐步成为无产阶级革命家和教育家之前的一个关键环节。

宁乡速成师范使徐特立的政治思想到底发生什么样的转变?在进入宁乡速成师范学习之前,徐特立基本上是一个封建知识分子,但有着与一般食古不化的封建知识分子不同的地方——他从小向往忠义,疾恶如仇,同情弱小,痛恨一切为富不仁及不负责任的人与事;他有着强烈的社会责任感和使命感,痛恨清政府的腐败无能,希望自己能为改变现实出一份力;他从小热爱劳动,有尊重劳动人民的朴素感情,等等。宁乡速成师范的良好氛围,加速了徐特立的这种转变。在这里,一是有一大批思想进步的老师和同窗学友,二是学校大力宣扬孙中山的资产阶级民主革命思想,施行资产阶级近代教学模式。这一切,使徐特立教育救国的理想日益清晰和明确。他初步认识到,要富国强民必须加强对国民进行科学知识和政治思想教育,用教育去改革人心。

他的这种远大目光和高远志向,从他后来与同事黄厘叔合写的《周南女校校歌》中,也可充分显现出来:

> 同学们:
> 尽心学业,尽心学业。
> 发皇我历史之光荣,
> 效忠祖国,效忠祖国,
> 永获光荣果。[1]

另外,宁乡速成师范所实施的"新学",都是徐特立以前没有遇到过的教学模式和内容。例如,学校由校长负责全校管理工作,校长上面有学校董事会,校长下面有教务长和庶务长,分管教务和后勤。两相对比,封建私塾的管理模式明显粗糙、混乱,远远落后于资产阶级近代教育模式。学校的课程,除开设自然科学和教育学外,还有西洋史、东洋史等,讲授西方资产阶级革命和日本明治维新的历史。这些课程,大大开阔了徐特立的眼界,促使徐特立的教育思想发生了重大转变。

---

[1] 武衡、谈天民、戴永增主编:《徐特立文存》(第一卷),广州:广东教育出版社,1995年版,第3页。

师德楷模徐特立

在新的教育思想的引领下,徐特立一边破除封建教育思想,一边创立民主教育思想和无产阶级教育思想。可以说,创办梨江高等小学堂,是徐特立新教育思想的第一次实践;到周氏女塾任教是他在长沙城第一次崭露头角,展示自己的教育才华;断指血书是立志追随革命的第一次公开宣告;号召和组织长沙公私学校罢课是他第一次的政治实践。徐特立来到周氏女塾,已经站到了湖南反封建教育的风口浪尖上。在这里,重点介绍徐特立创办梨江高等小学堂和向封建教育宣战的事迹。

4个月后,徐特立在宁乡速成师范学习结业。校长周震鳞为了鼓励学生加入民主革命行列,明确地对他们说:"我们办这个学校,不是培养你们当一名好教员,得到社会上的名誉地位;更重要的是希望你们创造事业,创造有利于国家民族的事业。"这几句话,对徐特立产生了深刻的影响,让他受益很深。他晚年在北京看望周震鳞先生时,还提到这件事。他说:"我一生致力于教育事业,周先生的这几句话对我的影响是很深的。从此,我走上了反对康梁而信仰孙文的道路。"

徐特立和姜济寰、何雨农决定创办一所专门招收农民子弟的新式学校。他们选择了离长沙城15公里的榔梨镇,着手创办梨江高等小学堂。办学经费主要由家境相对较好的姜、何两人设法筹措,徐特立负责具体事务。

经过3人的艰辛努力,梨江高等小学堂于1905年7月中旬正式开学。这所学堂基本模仿西方资本主义近代教育方式进行教学。开洋课,做体操,这样做确实比封建教育先进得多。

为了办好这所学校,徐特立竭尽全力,备尝艰辛。他既是不拿工资的教务主任,又是不拿工资的全科教师,更是不拿工资的事务、校工和伙夫。从鸡叫头遍的五更天,一直到万籁俱寂三更夜,人像机器一样转个不停,真正把整个身心都放在他教育救国的试验田——梨江高等小学堂里面去了。

创办梨江高小,是徐特立新教育思想的第一次实践,使他积累了艰苦创业的办学经验,对他影响深远,使他后来大量办学得以少走或不走弯路。后来,梨江高小搬到附近的陶公庙,改为梨江女校,1918年改为师范班;中华人民共和国成立后曾改名临江小学,后来升格为梨江中学。1985年梨江中学80周年校庆,老一辈革命家王首道欣然题词:"开创农村新式教学的先声,最早的典范。"①

徐特立不仅艰苦卓绝、大张旗鼓地倡导新教育,创办新学校,而且无情地批判封建教育的反动腐朽,深入揭露私塾教育的落后与误人子弟。为此,徐特立想方设法,进行形式多样的宣传。例如,周氏女塾要招女生入校读书,很多思想封建的家庭纷纷反对,不让自家的女孩来上学。即使入了学的女子,大部分都是三寸金莲,走路一步三摇,哪里能够上体操课和参加别的体育项目。在这种情况下,徐特立提倡新教育、反对封建教育就要解放妇女,而当时最迫切的任务就是反对妇女缠足。徐特立专门编了一首通俗易懂、便于流传和记忆的顺口溜:

> 我今无老婆,心中不好过。
> 说媒的人很多,合意的有一个。
> 美貌容易寻,只难找大脚。
> 人怕老婆强,我怕老婆弱。
> 强的虽吓人,弱的心里恶。
> 每天三餐饭,男人端上桌。
> 犹如敬菩萨,只少把头磕。
> 一双好好完全脚,包得皮烂骨头脱。
> 包得小脚三寸长,走路摸壁又扶墙。
> 不如大脚大大方,精神愉快劳力强。②

此外,徐特立为改变广大劳苦大众受压迫受剥削的悲惨命运,大力发展平民教育,以开发民智,彻底挖掉他们的穷根。他认为,那些穷苦人没有受教育的机会是不合理的,教育机关、每一个教育工作者都应当为消除这种不合理的社会现象而努力工作,尽一切力量争取让那些没有机会读书却又迫切要求读书的平民和平民子弟到常规学校或者到夜校、工余学校来读书学习。

---

① 江来登、孙光贵:《徐特立人生轨迹及教育思想发展研究》,长沙:湖南人民出版社,2009年版,第47页。

② 江来登、孙光贵:《徐特立人生轨迹及教育思想发展研究》,长沙:湖南人民出版社,2009年版,第51页。

徐特立在创办新式教育实践的基础上，总结和逐步提炼出其民主教育改革思想。这一思想产生于宁乡速成师范，形成于考察江苏、日本回来后周南办刊，经过教育实践的全面检验，成熟于创办长沙师范以后在湖南第一师范专门教书的时期。他的教育思想日益条理化、系统化。在湖南第一师范任教时期，他撰写或与人合编了《教育学》《小学各科教授法》《初等小学国文讲授法》《国文教授之研究》等讲义并公开出版发行。这些著作和教材教法以丰富的内容、新颖的见解，有条理地、系统地阐述了他的教育思想和新式教育教学方法。在这些讲义里，他鲜明地贯彻了文以载道、文道统一的原则，体现了科学的教育规律，对新式教育中教授的各个步骤有明确的分工和翔实的内容规定，这些实施步骤和内容要求与现代的教育教学法基本相符。

第二节 从苏区到边区

> 在中央苏区,他以教育人民委员部领导人的身份,创办列宁师范学校,既当校长,又任教员,既管行政工作,又编写教材,连摇铃、扫地、办伙食等杂务也做。
>
> ——习仲勋
>
> 这些任务十分艰巨,要是西方的教育家,谁都会感到气馁的。但是老徐正当壮年,是不会感到气馁的。
>
> ——埃德加·斯诺
>
> 在西北,在我们到达以前,除了少数地主、官吏、商人以外几乎没有人识字。文盲几乎达到百分之九十五左右。在文化上,这是地球上最黑暗的一个角落。……我们已经能够取得一些成就。如果有时间,我们在这里能够做到使全中国震惊的事情。
>
> ——徐特立

1930年12月,53岁的徐特立历尽千辛万苦,终于到达中央红军的驻地江西宁都小布,虽疲惫至极却十分愉快,因为这一天是他回到革命大本营怀抱的一天,也是苏区军民获得第一次反"围剿"胜利、高唱凯歌的一天。毛泽东1931年春写的《渔家傲·反第一次大"围剿"》一词,表达了取得这次胜利后的满腔豪情:

　　万木霜天红烂漫,
　　天兵怒气冲霄汉。
　　雾满龙冈千嶂暗,
　　齐声唤,
　　前头捉了张辉瓒。

　　二十万军重入赣,
　　风烟滚滚来天半,

师德楷模徐特立

> 唤起工农千百万,
> 同心干,
> 不周山下红旗乱。①

来到根据地,这里的一切都是徐特立以前没有经历过的,需要学习的东西很多。开始时,他参加了红军前委和总部在宁都黄陂背后的三堂村驻地举办的部队骨干训练班。徐特立每天都和部队一起作息,一起行动,随时随地向红军指战员们熟悉军队常规,了解军事知识,学习游击战的战争艺术。训练班还开设文化课,徐特立理所当然地担任了文化教员,以后到边区还编写出《文化课本》。这就是当年红军学校的一个特色,连后来的抗日军政大学也如此,很多人既当老师,又是学生,有时还是学习班的组织者和管理者。

徐特立一到苏区,就主动做了两项工作,即宣传工作和教育管理俘虏。苏区由于文化落后,过去广大军民文化精神生活十分贫乏。为了活跃地方和部队的文化生活,徐特立支持、指导和亲自动手,帮助部队和地方建立俱乐部,其经常性的活动就是开展各种文娱活动以及上文化课和政治课,不久,苏区的社会面貌逐步呈现出勃勃生机。但是,徐特立觉得自己对苏维埃的贡献还不够,他希望为革命做更多、更具体的工作。于是,毛泽东和朱德要他去教育管理俘虏,并且交代他要做好这项工作,先要从了解俘虏的情况入手。徐特立不愧为杰出的人民教育家,为教育管理好俘虏,他采取了一套行之有效的科学方法,如强调政治原则,个别谈话,设身处地地去亲近俘虏,尊重俘虏并虚心听取其意见,改革管理机制等,因而非常出色地完成了这项任务。由于红军对俘虏的政治思想教育工作做得好,俘虏大都愿意留下来加入到革命队伍的行列,成为工农红军部队补员的重要来源。

一、苏区扫盲

徐特立在苏区的工作,重点是扫除文盲。

---

① 毛泽东:《毛泽东诗词选》,北京:人民文学出版社,1991年版,第30页。

董纯才①在《怀念我的一位良师徐特立同志》中回忆:"毛主席指出,没有文化的军队是愚蠢的军队,愚蠢的军队是不能战胜敌人的。徐老多次告诉我,还在中央苏区的时候,毛主席曾向他指出扫除文盲是一项非常重要的工作,是苏区教育方针的基本出发点。"②

徐特立一进入苏区,就发现红军战士和当地百姓基本上都是文盲,甚至有些县级领导都不识字。正如列宁讲的一句名言:在文盲众多的国度里,不可能建设社会主义。于是,以毛泽东为主席的中央政府和徐特立负主要责任的教育人民委员部三令五申:必须提高干部和群众对文化教育在苏维埃革命运动中的重要性的认识,把文化教育工作切实地开展起来。徐特立签发了教育人民委员部第一号训令《目前的教育任务》,要求竭尽全力发展苏区教育。

据1934年1月江西、福建、广东三省的不完全统计,苏区的列宁小学已经发展到3052所,学生89710人;补习学校6462所,学生94517人;识字组32389个,学员155371人;俱乐部1656个,学习活动分子49668人。③许多地方的学龄儿童多数都进了列宁小学。以当时的苏区模范县——兴国为例,到红军长征时已办有300所初级小学,教师达800多人,学龄儿童入学率达到60%。全县文盲已由过去的90%减到20%以内。④毛泽东满怀兴奋地说:苏维埃区域"已经加速地进行着革命的文化建设了"⑤。

徐特立指出:"要普及教育,我们打游击战经常离开,教会了群众,他们自己才能建立党政武装的组织。少数人教也没有力量,要群众一齐来教。外国记者

---

①董纯才(1905—1990),湖北大冶人,教育家、中国科普事业的开拓者之一。1937年参加革命,同年到达延安从事革命教育工作。中华人民共和国成立后曾长期担任教育部党组书记、副部长,兼中央教育科学研究所所长。

②江来登、孙光贵:《徐特立人生轨迹及教育思想发展研究》,长沙:湖南人民出版社,2009年版,第223页。

③江西省教育学会编:《苏区教育资料选编》,南昌:江西人民出版社,1981年版,第44页。

④涂光辉、周树森主编:《徐特立基础教育实践与理论》,长沙:湖南师范大学出版社,1998年版,第16页。

⑤《闽西老革命根据地教育资料》,福建师范大学教育系编印,第154页。

来,到处接触群众,得的印象好是受到群众教育。"①第三次反"围剿"结束之后,毛泽东曾委托徐特立草拟苏区的教育方案。为了解决文化教育工作与武装斗争、苏区建设相矛盾的问题,徐特立深入到兴国和于都等地详细调查研究,起草了一个扫盲教育的方案,提出了"老公教老婆,儿子教父亲,秘书教主席,马夫教马夫,伙夫教伙夫,识字的教不识字的"②这样一套扫盲教育方法。毛泽东对此非常赞赏,并亲自作了修改和补充。

徐特立在编写识字课本时,往往采用人们所熟悉的如"男女平等""打土豪,分田地"等词句为内容,有意识地把识字和经济、政治、生活、社会等现象结合起来,让群众根据自己已知的去感知未知的,逐步地认识和掌握文字。因此,扫盲教育成效显著,文字水平提高也较快。列宁师范的学生,有的是从县区农民中招收来的,文化水平参差不齐,甚至还有文盲,要从新文字教起,先行扫盲,这样给教学工作带来不少的困难。徐特立都坦然面对,而且严肃认真、耐心细致,没有任何的畏难情绪。在科学有效的扫盲教育方案的指导下,所有苏区人民不是先生就是学生,真正在苏区开展了一场教育战线上的人民战争。而且这场战争战果辉煌,无论敌人怎么"围剿",在人们的心中永远抹杀不掉,甚至连敌人也不得不钦佩。1934年10月26日,国民党部队占领宁都后,发表了一份《宁都社会调查》,其中写道:"宁都成为苏区之前,全县设有中学1所,小学15所。建立苏区后,全县83乡共设列宁小学184所、夜校368所、俱乐部114个、识字班5861个。每家悬挂一个识字牌,派一识字者担任教授。各通衢街口,亦悬有识字牌。其余如文化展览室、书报所、夜校、消灭文盲协会等。虽然立场不同,但是苏区的这种办学精神足资效仿。"③负责"围剿"中央苏区的国民党江西省主席鲁涤平进入苏区后惊呼:这里的男女老少全都是"共匪"。这足以证明在苏区紧密结合政治思想开展教育工作已经遍及每一个山村角落,深入到每一个百姓的心中。

二、边区兴教

徐特立自随长征队伍于1935年10月抵达陕北吴起镇,先后担任教育部部

---

①武衡、谈天民、戴永增主编:《徐特立文存》(第三卷),广州:广东教育出版社,1995年版,第90页。
②武衡、谈天民、戴永增主编:《徐特立文存》(第三卷),广州:广东教育出版社,1995年版,第91页。
③徐禹强编:《坚强的老战士》(内部资料),2007年印刷,第44—45页。

长、延安自然科学院院长、中宣部副部长等职。

概括地说,徐特立边区兴教,始于抗战,终于中华人民共和国成立。开始时是为了抗战。随着第二次世界大战德、意、日被打败,中国共产党的军队战斗力越战越强,根据地越来越扩大,后一阶段徐特立为建国办教育的方向日益明确。总的来讲,徐特立边区兴教,是其一生教育理论与实践的总结。具体地说,主要体现在以下几个方面。

(一)边区教育的奠基人

在老教育家徐特立领导下,经过几年艰苦卓绝的努力,陕甘宁边区的教育事业迅速发展起来了。例如,在普及小学教育方面,他指导各地分析情形,因地制宜,采取公办、私办、巡回流动、半工(农牧纺)半学、全日制、半日制等各种形式,尽可能多地让农民的孩子入学。一时之间,陕北出现了办冬学(扫盲)的热潮,也出现了办小学校的热潮。据陕西人民出版社 1991 年 5 月出版的《徐特立在延安》记载,陕甘宁边区由原来的 120 所小学,到 1937 年春季,小学增加到 320 所,拥有学生 5600 人;秋季,学校增加到 545 所,在校学生 10396 人。从 1935 年到 1942 年统计,学校数目与学生人数连年递增,到 1940 年秋季,全边区的小学增加到 1341 所,学生人数多达 43628 人,这与 1935 年相比,增加了 10 倍以上。在比较短的时间里,就取得这样显著的成绩,这在中外教育史上真算是一个奇迹。[1]美国著名记者斯诺在他的名著《西行漫记》中,曾专门写了《人生五十始》一文,介绍徐特立其人及其在革命教育事业上的贡献,并给予了极高的评价。斯诺指出,在陕北这样的地方办教育,"要是西方的教育家,谁都会感到气馁的。但老徐正当壮年,是不会感到气馁的"[2]。

(二)新文字运动的推动者

徐特立所倡导、使用和推广的新文字是一种拼音文字。他说:"文化、教育、生产都要首先就老百姓落后的东西和老百姓接得上,然后就赶紧用大众的力量把它提高。必须先降低才能提高,降低生根后就注意提高。新文字要就合大众,只要大众掌握新文字,有大众丰富的生活,丰富的创造力,新文字也就能很快提

---

[1] 江来登、孙光贵:《徐特立人生轨迹及教育思想发展研究》,长沙:湖南人民出版社,2009 年版,第 306 页。

[2] 湖南省长沙师范学校编:《徐特立传》,长沙:湖南人民出版社,1984 年版,第 119 页。

高起来。"①这样,徐特立用新文字教学,学生在几个月之后即脱盲,毕业后去教小学并可担任扫盲工作。

(三)延安自然科学院的创建者

1939年5月,中央决定成立延安自然科学院,1940年12月党中央请学贯中西、艰苦创办过很多所学校,有丰富经验、资深望重的教育家兼实干家徐特立担任院长,不仅使延安自然科学院很快创办成功,而且使徐特立成为通晓任何级别学校办学规律的教育家。纵览世界各国的教育史,像徐特立这样有从办扫盲学校到小学、中学、职业学校、夜校、师范学校到高等院校办校经验,而且学贯中西、通晓社会科学和自然科学的教育家,的确少见。

(四)边区教育新实践的理论总结者

如果说徐特立苏区办学标志着苏区建立了相对完整的教育管理体系,说明了徐特立无产阶级教育思想的形成,那么,陕甘宁边区兴教则标志着徐特立无产阶级教育思想的成熟,他也是这一新教育实践的理论总结者。他说:"我们边区和其他解放区还在提倡工农普遍识字,知识分子普遍参加生产,使我们的人民大众都成为知识分子,使知识分子都成为能生产者。这就是我们改造教育的总方针。"②在边区,徐特立先后担任中央工农民主政府驻西北办事处教育部长、陕甘宁边区教育厅长、延安自然科学院院长、中央宣传部副部长和教材编审委员会主任,同时兼任陕甘宁边区新教育协会会长、新文字协会理事、边区参议员和考试委员会负责人等职务,在此期间,他为边区和解放区的教育事业做出了重大贡献。在这一段教育实践中,他的教育思想包括师范教育思想、扫盲教育思想、普及教育思想、高等教育思想、教材建设思想、教育科学研究等都得到理论方面的升华,尤其是他开创的教育、科研与生产"三位一体"的高等职业教育思想,赢得了时人和后人的普遍赞誉。正是在徐特立教育、科研与生产"三位一体"科教思想的指引下,当时延安自然科学院的许多领导和教师"教学科研双肩挑",既担负着学校教学任务,又承担着经济建设中的应用科研任务,并把应用科研成果付诸经济建设之中,产生了很大的社会效应和经济效益,"这就是理论与实践结合的最高原则和基本的方法"③。

---

①武衡、谈天民、戴永增主编:《徐特立文存》(第三卷),广州:广东教育出版社,1995年版,第72页。
②武衡、谈天民、戴永增主编:《徐特立文存》(第三卷),广州:广东教育出版社,1995年版,第167页。
③湖南省长沙师范学校编:《徐特立文集》,长沙:湖南人民出版社,1980年版,第254页。

第三节　从旧中国到新中国

> （徐特立同志）先后当选为中央人民政府委员和第一、二、三届全国人民代表、全国人大常务委员。他年逾古稀、老当益壮，朝气蓬勃地致力于新中国的文化教育事业，团结学术界，孜孜不倦地从事学术研究，并以满腔的热情，对青少年一代进行教育。
>
> ——李　鹏
>
> 徐老毕生从事教育事业，几十年如一日，教书育人，为人师表。……他渊博的学识将永远受到我们的敬佩，他高尚的品格，永远是我们学习的榜样。
>
> ——李　鹏
>
> 徐老是我国无产阶级教育事业的奠基人，被党中央誉为杰出的革命教育家，在他长达70多年的教育和革命生涯中培育出几代优秀人才，桃李满天下。
>
> ——刘延东
>
> 徐特立同志十九岁开始教书，由从事平民教育发展到从事无产阶级教育，七十年如一日，兢兢业业，勤勤恳恳，献出了毕生的精力和全部智慧，做出了卓越的贡献。
>
> ——中共中央致徐特立的悼词

1949年3月，徐特立随中央机关进京了，他和其他老一辈无产阶级革命家一样，高兴之情溢于言表。其精神面貌可从任弼时的保健医师刘佳武的回忆文章《徐老二三事》中略见一斑："1949年任弼时同志在北京玉泉山养病期间，徐老曾先后两次去看望任弼时同志……在一次散步中间，任弼时同志和徐老谈得非常高兴，两人要举行登山比赛。一个是高血压病人，一个已是七十二岁高龄的老人了……当遇到窄道坡陡路滑的地方，我便想去搀扶，但还没来得及伸手却被他老人家拒绝了……当我们登上玉泉山山顶时，他老人家双手叉腰，远眺颐和园的风光,毫无倦意。"①总的来说,中华人民共和国成立之初,徐特立以极大的热情投身于社会主义建设之中。他作为一代杰出的无产阶级教育家,在中华人民共和国成立初期接受国民党留下的学校和为新中国制定教育方针政策等方面,发挥了非常重要的作用,开辟了无产阶级教育事业的新篇章。

一、接收旧教育

1949年3月24日,在北平举行的国共和平谈判破裂,解放军百万雄师横渡长江,以摧枯拉朽之势横扫国民党千军万马。这时,作为杰出教育家的徐特立正满怀豪情地忙着领导和接收国民党留下的全国各省的文化教育事业。如徐特立在晋察冀边区时,曾一度住在阜平县烟脂河畔的温塘村,领导边区的宣传教育机关,着手接管新解放区大量的中、小学校,组织编写和审查新的教材。他对编写小学教材极为重视,对收到的华北人民政府教育部送审的一至八册初级小学国语课本,提出过许多中肯的意见。他说:"教育学说与一切其他学说一样,受着历史和一定的社会关系的限制,所以它具有严格的时代性。所谓教育家也不是特殊的个人,只是一定时代的社会代表,他的学说只是时代思潮表现在教育的一个侧面,所以教育学说,不是一种抽象的一般的学说,而是具有历史意义的学说。""近代资产阶级的教育,明明白白地由法律规定,人民受教育为一种义务,为一种强迫的负担(资产阶级的国民教育也称之为义务教育或强迫教育)。""我们人民民主的教育与资产阶级不同,我们是培养国家的主人,而不是培养奴隶,因此我们的教育,是培养人民有独立的政治知识、科学知识、革命的基本理论,懂得革命的基本政策,所以,我们的教育家必然同时是政治家、科学家、革命职业家等等。这并不是要求一般的教育工作者都能如此,但我们还是希望达到这一步的。这并不是不可能的,只是时间的问题,我们还应尽一切的力量,把时间缩短。"②

1949年9月21日至9月30日,徐特立参加了在北京举行的中国人民政治协商会议第一届全体会议。在会上,他被选为中央人民政府委员。会议结束后的

---

①徐禹强、徐文浩主编:《万世师表徐特立》,北京:中国档案出版社,1998年版,第327—328页。
②武衡、谈天民、戴永增主编:《徐特立文存》(第五卷),广州:广东教育出版社,1995年版,第181页。

第二天,即1949年10月1日,徐特立出席了具有划时代意义的中华人民共和国开国大典。他登上天安门城楼,亲眼观看曾经是自己的学生、现在是中国人民伟大领袖的毛泽东升起第一面五星红旗,亲耳聆听他庄严宣告中华人民共和国成立,其欣喜之情溢于言表。然而,年已古稀的徐特立想到的不是光宗耀祖,不是坐享清福,而是希望在有生之年能够为建设新中国当一匹识途老马。这片赤诚之心在《祝吴老七十大寿》一诗中丹心可鉴。他写道:"……百年殖民地,从此永完结。前途之艰苦,基本在建设。幸勿过乐观,成功在兢业。您我励残年,尽瘁此心血。"①为了勉励自己,徐特立制订了一个20年学习与工作的计划,作为晚年的奋斗目标,充分表明他希望再接再厉为建设新中国当一匹驰骋疆场的老骥之心思。

此后,徐特立老当益壮,青春焕发。在别人看来,他作为一个年逾古稀的老者,干多干少根本不会计较,而他自己坚持每天工作8小时以上,从不因任何理由有所松懈。这时,他的具体职务是继续担任中共中央宣传部副部长,同时兼任中央宣传部教育研究室主任、党史资料室主任等职。另外,中国历史学会、中国地理学会还请他担任荣誉主席。他和著名历史学家范文澜一道,领导一批历史工作者及中央宣传部、中央党校的干部,从事非常敏感的中国革命史的编纂,并亲自主编浩繁庞杂的《中国通史资料选编》。但是宣传部的工作、编写历史的艰巨任务,并没有削弱徐特立对教育的热情与关注。那时,教育部门和其他部门一样,既要接收,又要建设,百废待举。旧教育方针政策的废改,新教育方针的制定与解释,新中国的教材编写和选定,对青少年进行"五爱"的社会主义思想品德教育等等,无不倾注了徐特立的大量心血。

二、开辟新篇章

中华人民共和国成立以后,徐特立作为一代杰出的无产阶级教育家,其突出贡献就是开辟社会主义教育事业的新篇章,提高整个中华民族的科学文化水平,培养共产主义事业的优秀建设者和接班人。这时,尽管他的年龄已比较大了,但他仍像过去那样热爱教育事业,把教育工作视作自己的终身职业。他在

---

① 叶剑英等:《十老诗选》,北京:中国青年出版社,1979年版,第169页。

《给小学教师的一封信》中曾这样自我介绍:"我在50年前,是湖南省长沙县乡村中一个启蒙的先生,从18岁起到今年冬71岁整,一共53年没有离开过教育工作,所以我和你们是同一职业朋友。"①确实,他一生经历了几个历史时期和几种社会制度,在复杂的生活环境中和艰难的物质条件下,从事过实际的教学、考察,研究过多种社会形态下的教育。他不仅有着丰富的教育实践经验,而且具有较高的教育教学理论水平。中华人民共和国成立后,他撰写了不少关于教育方面的文章,大多发表在《人民教育》《教师报》《河北教育》《新观察》等报纸杂志上。他研究的教育问题很广泛,如,教育的本质、教育与生产、教育与政治、教育与哲学、体育锻炼、文化遗产的继承与批判、教育刊物的编辑、教科书的编写等等,在这些方面,他发表了不少精辟的见解,做了深湛的论述。例如,1950年1月,徐特立写了《教育讲座》一文,专就教育的本质、作用、对象、方法等作了系统而科学的论述;1950年2月,他又写了《各科教学法讲座》一文,继续讨论上述的一些问题。这两篇长文有内在的关联,分别连载在《人民教育》和《河北教育》杂志上。文章运用马克思主义教育观点和方法,通过分析各种社会形态下的教育,总结了我国教育思想的发展,开辟了社会主义教育新篇章,为全面开创社会主义时期的新教育作了指导性论述。

(一)关于社会主义教育方针和教育本质

1957年2月27日,毛泽东在《关于正确处理人民内部矛盾的问题》一文中提出了社会主义的教育方针:"应该使受教育者在德育、智育、体育几方面都得到发展,成为有社会主义觉悟的有文化的劳动者。"②这里的社会主义教育方针虽不是徐特立首先提出的,但是其精神实质却是他历来所倡导的。而且,徐特立在《劳心与劳力并进,手和脑并用》《解答关于教育方针的几个问题》等文章中,运用历史唯物主义阐明了社会主义教育方针的客观依据、本质含义,进而指出了社会主义时期人才素质及其培养的原则与途径。他还写信要求全国青少年朋友们"更加努力,刻苦钻研,热爱劳动,立志又红又专,把自己锻炼成为一个有社会主义觉悟的、有文化有科学技术的劳动者"③。这里突出强调"有文化有科学技术的劳动者"的观点,说明科学化教育在培养现代劳动者素质中的重要地位和作

---

①武衡、谈天民、戴永增主编:《徐特立文存》(第一卷),广州:广东教育出版社,1995年版,第265页。
②中共中央党史研究室编:《毛泽东文集》(第七卷),北京:人民出版社,1999年版,第226页。
③武衡、谈天民、戴永增主编:《徐特立文存》(第四卷),广州:广东教育出版社,1995年版,第431页。

用。徐特立认为:"教育是一种社会现象,为人类社会所特有。""人根据社会的需要,有计划地、有组织地把人类的知识、技能、艺术及各种建设运动、社会运动等的生产和斗争的经验传授给后一代,就是教育。"①社会主义教育是劳心与劳力、生产与教育相统一的活动,"到了生产力高度发展,能够消灭剥削,消灭阶级,建立了社会主义生产关系的时候,那就会开始使劳心和劳力逐步统一起来,使生产和教育紧密结合起来。这是社会发展的辩证过程,也是社会发展的必然规律"②。

(二)关于教育目的和办学形式

徐特立一直主张培养德、智、体全面发展的人,反对把人变成书呆子、变成奴隶。他提倡培养具有创造性的劳动者:"我们要培养具有创造性的劳动者,只会接受书本上的现成的知识还不够,还需要能够发现新知识。那就更需要从手脑并用的劳动中,改造事物,分析事物,综合事物,才能得出关于事物的一些新知识。"③同时,徐特立也倡导培养有个性的青年,倡导培养自动研究、自动工作的人。他说:"我觉得应当培养敢于发挥其个性,有头脑辨别是非,有主张、有试验、有创造、有行动的青年。生动活泼,敢作敢为,才能产生出各种人才来,才能推动社会向前发展。"④中华人民共和国刚成立之时,徐特立便着力探索"两条腿走路"的多种办学形式,主张构建学校教育、在职培训和自学成才三大教育系统,并号召实行终身教育。一是有计划、有步骤地办正规学校,让年轻后代由小学而中学而大学,以培养国家所需的各级各类专门人才;二是举办补习学校、函授学校,让中小学毕业后就业的各行各业劳动者在业务中学习、工余时补习,以不断提高其文化科学技术水平;三是自学成才。应该说,所有这些都是符合我国国情和社会主义时代需要的充满活力的办学形式。

(三)关于思想品德教育和教师

徐特立把我们现在的思想品德教育称之为新思想、新道德教育。他所谓的新思想教育,"就是培养无产阶级革命的意识形态",即"拿马克思主义的宇宙观来

---

①武衡、谈天民、戴永增主编:《徐特立文存》(第四卷),广州:广东教育出版社,1995年版,第46页。
②武衡、谈天民、戴永增主编:《徐特立文存》(第四卷),广州:广东教育出版社,1995年版,第409页。
③武衡、谈天民、戴永增主编:《徐特立文存》(第四卷),广州:广东教育出版社,1995年版,第411页。
④武衡、谈天民、戴永增主编:《徐特立文存》(第三卷),广州:广东教育出版社,1995年版,第279页。

分析每一任何具体问题,这才是思想教育的真谛"①。徐特立认为:"普通学校的思想教育,是把马克思主义的辩证唯物论和唯物史观(即马克思主义的宇宙观),贯彻到学校各科课程和实际生活的各方面去,以培养学生能够独立运用马克思主义的宇宙观去处理他们学习及日常生活的一切问题。"②所谓新道德教育,是以唯物史观和辩证唯物论为指导,在人们的社会生活过程中建立起来的道德教育活动,是一种新道德建立、发展和完善的社会活动。徐特立指出:"新道德的建立,是要从学习唯物史观和辩证唯物论开始。用唯物史观和辩证唯物论的观点和方法来看问题和处理问题,才能真正地有得(德)于心,为新的道德打下基础。"③可见,徐特立教育思想体系中,主张德育为首。他说:"一般教育问题,总是把伦理教育提到第一位,伦理关系就是社会关系。"④因此,当前的教育也必须始终坚持把德育放在首位,首先解决怎样做人的问题。同时,徐特立本人自称是"身教主义者"。认为"教师是有两种人格的:一种是'经师',一种是'人师'。人师就是教行为,就是怎样做人的问题。经师是教学问的,就是说,除了教学问以外,学生的品质,学生的作风,学生的生活,学生的习惯,他是不管的;人师则是这些东西他都管。"他说:"我们的教学是要争取人师和经师二者合一的,每个教科学知识的人,他就是一个模范人物,同时也是一个有学问的人。"⑤他特别强调做好人师,指出:"一切学校是改造人的工厂,教员是培养人的工程师。"诸位是"灵魂的工程师",要负改造人民脑力的责任。⑥而要做好人师,以身示范最为重要。他说:"以身示范,以为儿童之表率,最为重要。此在新学之年尤然。故教师当自慎其言行而以身作则。"⑦可以说,徐特立在长期的教育实践中总是以身示范,时时处处力行身教,被人誉为"他的一生就是一部教科书"⑧。诚如中共中央的悼词所云:"徐特立同志一生办教育,注重理论与实践的统一,重视革新创造,反对因循守

---

①武衡、谈天民、戴永增主编:《徐特立文存》(第四卷),广州:广东教育出版社,1995年版,第43页。
②武衡、谈天民、戴永增主编:《徐特立文存》(第四卷),广州:广东教育出版社,1995年版,第28页。
③武衡、谈天民、戴永增主编:《徐特立文存》(第四卷),广州:广东教育出版社,1995年版,第49页。
④武衡、谈天民、戴永增主编:《徐特立文存》(第四卷),广州:广东教育出版社,1995年版,第136页。
⑤武衡、谈天民、戴永增主编:《徐特立文存》(第四卷),广州:广东教育出版社,1995年版,第248页。
⑥武衡、谈天民、戴永增主编:《徐特立文存》(第三卷),广州:广东教育出版社,1995年版,第325页。
⑦武衡、谈天民、戴永增主编:《徐特立文存》(第一卷),广州:广东教育出版社,1995年版,第157页。
⑧武衡、谈天民、戴永增主编:《徐特立文存》(第三卷),广州:广东教育出版社,1995年版,第389页。

旧。他积有数十年的教学经验,又曾先后赴日、法、比、德和苏联留学或考察教育,对古今中外的教育理论进行过深入的研究,批判地继承了人类文化教育的优秀遗产,在学术上有独到见解。他的许多著述,闪耀着马克思列宁主义的光辉,有力地宣传和深刻地阐述了党的教育方针与政策。""他是全党自我牺牲的模范,艰苦奋斗和遵守纪律的模范。他的一生是光荣的一生,革命的一生,伟大的一生!"①

---

① 湖南省长沙师范学校编:《徐特立传》,长沙:湖南人民出版社,1984年版,第206—208页。

亲爱的特立同志：

党的中央委员会热烈庆祝你的七十大寿！

你的道路，代表了中国革命知识份子的最优秀传统。你是热爱光明的，你为了求光明，在五十岁上加入了中国共产党。你对于民族和人民的事业，抱有无限忠诚，在敌人面前，便摆头之低，反动派给你之无色，你紧持着不妥协不动摇的大无畏精神。你对于革命的充沛的热情，溢于之低头，反动派给你失色。你是和工农相结合的，你常做朋友。你对自己是学而不厌，你把群众当先生，你把群众当海人不倦，这个痛根官僚主义和铺张浪费，你自我牺牲，你成为全党模范。勤奋苦斗七十年如一日，这一切优良品质便你成为全党和亲爱同志和全国人民的骄傲，把这一切优良品质发扬光大是全党和全国人民的革命任务。

祝你永远健康！

中国共产党中央委员会 一月十日

1947年1月中共中央祝徐特立七十大寿的贺信
（《解放日报》）

第三章

"独辟名山业,慈祥号外婆"

——关爱学生的典范

1966年3月,徐特立回到长沙师范学校,与学生合影留念

师德楷模徐特立

　　徐特立18岁开始担任教师,直至91岁去世,一生从事教育事业长达70多年,培养了以毛泽东为代表的大批优秀的革命和建设人才。作为一位老教育工作者,徐特立在实际工作中充分显现出一位优秀教师必须具备的一项重要品质——真诚关爱学生。他无微不至地关心学生的生活、学习和思想,他一如既往地关心和资助贫困学生,他坚决反对对学生采用惩戒方法。他说:"(我)看见青少年就高兴。"[1]他指出:"教师应该有知识,但只有知识是不够的,还要有热情。如爱国的热情,爱自己乡土的热情,爱人民的热情,直接就是爱学生的热情。"[2]正是因为他对学生倾注了无限的关爱,因此他赢得了几乎所有学生的无比尊敬。在他60岁生日时,毛泽东在祝寿信中满怀深情地说:"你是我二十年前的先生,你现在仍然是我的先生,你将来必定还是我的先生。"[3]这也是无数学生源自内心的感激之言。

---

[1] 周世钊:《我们的师表》,北京:北京出版社,1959年版,第33页。
[2] 吉多智、李国光、戴永增编:《徐特立教育学》,广州:广东人民出版社,1990年版,第154页。
[3] 中共中央文献研究室、中央档案馆编:《毛泽东书信手迹选》,北京:文物出版社,1983年版,第5—8页。

第三章 "独辟名山业,慈祥号外婆"

第一节 关心学生的生活和身体

> (我)看见青少年就高兴。
>
> ——徐特立
>
> 教师应该有知识,但只有知识是不够的,还要有热情。如爱国的热情,爱自己乡土的热情,爱人民的热情,直接就是爱学生的热情。
>
> ——徐特立
>
> 校长教员关心爱护学生,是应尽的职责。
>
> ——徐特立
>
> 独辟名山业,慈祥号外婆。
>
> ——谢觉哉

作为一位伟大的教育家,徐特立明确指出:"教师是有两种人格的:一种是'经师',一种是'人师'。人师就是教行为,就是怎样做人的问题,经师是教学问的。"[①]他认为,经师只拿书本去教学生,对于学生的生活漠不关心,这是不行的。因此,"我们的教学是要采取人师和经师二者合一的,每个教科学知识的人,他就是一个模范人物,同时也是一个有学问的人。"[②]教师在教学生知识、关心学生学习的同时,也应该关心学生的思想、关心学生的生活。

在学校里,徐特立不管任校长还是当教员,对学生,从吃饭、睡觉,到学生生病时的关心、照顾,都是体贴入微、关怀备至。

[①][②] 武衡、谈天民、戴永增主编:《徐特立文存》(第四卷),广州:广东教育出版社,1995年版,第248页。

师德楷模徐特立

一、关心学生的饮食

1912年,徐特立在极其艰苦的条件下创办长沙师范并担任校长。这是湖南省第一所县办的中等师范,目的是培养发展长沙中小学教育所急需的老师。徐特立对学生非常关爱,他不与教师而是与学生一起吃饭,目的是随时了解学生的伙食情况。

在担任湖南省立第一女子师范学校校长时,徐特立经常对学生进行诗教。有一次,他为了表扬两个班的学生取得了好的学习成绩,他在黑板上写了一首诗:"儿女智力何曾弱,十二三班做例观;学算刚刚三载半,几何三角一起完。"没想到,没过多久,诗的后两句被学生改成:"吃饭刚刚一碗半,豆豉辣椒一齐完。"徐特立看了,不但没有恼怒,相反马上看出学生对学校伙食有意见,立即深入厨房,召集相关人员,一起研究如何改善伙食,确保学生能吃饱、吃好。

在中央苏区,徐特立担任中华苏维埃临时政府教育人民委员部副部长、代部长。由于部长瞿秋白在上海,因此中央苏区的教育工作实际由徐特立负责。同时,徐特立还担任中央列宁师范学校的校长。老红军战士、戏剧家李伯钊[①]回忆:"徐老生活上总是和学生同甘共苦,一点也不搞特殊。他对学生无微不至地关怀和体贴。我们吃饭的时候,常常还不见他来,一找原来他在伙房里帮着做学生的饭菜。他总要看到分配给学生吃的食盐下了锅才放心,因为那时分配给每个人的食盐是很少很少的,是不能克扣的。从这件小事情,也看到徐老是多么的爱护学生。"[②]

1940年底,徐特立担任延安自然科学院(今北京理工大学前身)院长,这是我党创办的第一所理工科大学,承担着为抗战和建国培养急需的科技人才的重任。学生一部分是来自全国各地的进步青年,其余大多是革命同志的子女、后代和亲属。徐老非常关心爱护学生,总是和学生一起吃饭,而不和教员一起吃饭。

[①]李伯钊(1911—1985),重庆人。1925年加入共青团,1931年加入中国共产党。随红一方面军参加长征。曾任中华苏维埃政府教育部艺术局局长、鲁迅艺术学校校长、北京人民艺术剧院院长、中央戏剧学院党委书记、中国戏剧家协会副主席、第三届全国政协常委。

[②]湖南省长沙师范学校编:《怀念徐特立同志》,长沙:湖南人民出版社,1979年版,第17页。

同学们问他为什么要这样,他解释说:"我同你们一样吃,才知道你们吃得好还是吃得坏,才知道叫庶务主任怎样办伙食。"[1]同学们听了都非常感动。

二、关心学生的冷暖

1935年10月,徐特立随中央红军经过艰苦卓绝的二万五千里长征,胜利到达陕北,先后担任中华苏维埃政府西北办事处教育部部长、陕甘宁边区教育厅厅长,主持边区的教育工作。1936年冬,为推进边区的扫盲工作,徐特立创办扫盲师范(后易名鲁迅师范)并亲任校长,为边区培养扫盲急需的师资。

鲁迅师范有一个学生,名叫晏景山。他来到边区时,要经过国民党的封锁线,被敌人追赶,丢掉了被子,来到学校后没有被子盖,但仍然认真学习。徐老得知这个情况后,说:"这是个好娃娃,把我的被子给他盖。"于是,徐老就把自己的被子送给了晏景山,而自己盖雨衣。他的那件雨衣,是周恩来送给他的。

鲁迅师范还有一个名叫罗锦华的学生,是陕西黄陵人。他原在当地一所学校读书,因向往革命圣地延安,晚上从学校偷偷跑出来了。走时为了防止脚步声被人听见,他脱掉鞋子,打着赤脚来到了鲁迅师范。徐老看到后,把自己的鞋脱下来给了他,自己穿上麻鞋。

徐老慷慨为人,爱生如子,关心他人总是胜过关心自己。当时人们称赞徐老说:"徐老不聚财,不是没被子,就是没有鞋。"后来,徐老回到延安,蔡畅同志看到徐老穿着麻鞋,反映给李富春同志,李富春就把自己的一双鞋送徐老;又经边区政府林伯渠主席批了条子,给徐老解决了被子问题。

在延安自然科学院,徐特立同样如此。当年的延安自然科学院学员牛旭光回忆:"徐老是延安自然科学院院长,对我们新来的青年学生非常关怀,他从杨家岭到杜甫川步行二十多里,而且爬上自然科学院那陡峻的山坡,到中学部住的地方看我们。他从一个个窑洞走过来,亲切地问我们住得挤不挤,夜里冷不冷,

---

[1] 湖南省长沙师范学校编:《怀念徐特立同志》,长沙:湖南人民出版社,1979年版,第106页。

有什么困难没有。我们这些年轻孩子都非常感动,很受鼓舞。"①

三、关心学生的休息

在长沙师范,徐特立有时甚至与学生同在一个寝室睡觉,以便督促学生按时休息。

1925年春,徐特立被湖南省教育司任命为湖南省立第一女子师范学校(习称稻田师范)校长。徐特立在每晚熄灯后,同女训育员一道,提着马灯,逐个寝室进行查看,如果看到窗户没有关好,学生的被子没有盖好,他自己站在寝室外面,让女训育员进去,替她们关好窗户、盖好被子,免得着凉生病;发现有学生谈话的、点灯做针线活的,就轻言细语地加以劝止。他经常徘徊在寝室外达几十分钟之久,一直到听不见学生的谈笑声、走动声,才慢慢离开。年轻教师周世钊向他建议:"您一天劳累够了,巡视寝室有专人负责,何必亲自出马呢?"他回答说:"学生年轻,不知爱护身体的重要,寝室里随意谈话,耽误睡眠,影响明天的学习,也损害身体的健康。我虽然知道训育员会去管她们,但自己不去,总觉放心不下。"②

有一天夜里,一个已婚的女生为了给爱人赶制一件毛线衣,没有按时就寝,邀了一个同学在厕所路灯下编织。徐特立发现后,急坏了,急忙站在外面细声喊道:"睡呀!睡呀!"当学生要他走开后才肯出来时,他就不声不响地走开了。第二天早上,他没有责备这些学生,只在黑板上写了两首打油诗,委婉地提出批评,言语中满含着对学生的关爱之情:

> 昨夜已是三更天,厕所偷光把衣编。
> 爱人要紧我同意,不爱自己我着急。

> 东边奔跑到西边,不但打衣还聊天。

---

① 王云风主编:《徐特立在延安》,西安:陕西人民教育出版社,1991年版,第218页。
② 湖南省长沙师范学校编:《怀念徐特立同志》,长沙:湖南人民出版社,1979年版,第151页。

莫说交谈声细细,夜深亦复扰人眠。①

四、关心学生的身体

在长沙师范的时候,一次,有个学生脚上长了疮,徐特立帮他提来热水,看着他洗涤、敷上膏药。当时教育界的一些人对此大加讥讽,认为身为校长竟然做这些下等人做的事情。徐特立风趣地说:"校长教员关心爱护学生,是应尽的职责。我还只做了一点好事,就被人家把好处夸大了。"②

在稻田师范,徐特立发现汤姓、余姓两个学生由于学习过度用功,影响了身体。他找她们谈话,并写了一首黑板诗,劝她们先回家休息一段时间,等养好身体再来学习:"我劝汤生并劝余,劝君休业莫踌躇。为何瘦得皮包骨,不爱身躯只爱书。"

在延安自然科学院的时候,有一年大学部的欧阳真患了黑热病。黑热病是一种慢性地方性传染病,感染上这种病的人常常会出现长期不规则发热、脾肿、消瘦、贫血等症状,严重时会造成死亡。中华人民共和国成立前,我国山东、江苏、安徽、河南、河北、陕西、山西、辽宁、甘肃、新疆、青海、湖北、四川、热河、察哈尔、蒙古、西康等省份,不时流行黑热病。当时,延安药品奇缺,有些药品由管财经工作的李富春亲自掌握。徐特立亲自找到李富春拿药,使欧阳真的病得到了及时治疗。

大学部地矿系胡骑得了重病,很危险。徐特立跑去找当时任中央医院院长的傅连暲帮忙,最后胡骑得救了。

补一班学员陈祖泽的脚冻伤了,徐特立立即把公家发给自己的鞋给他穿上。这事被李富春知道了,李富春说:"徐老不能没有鞋。"立即叫人给徐老送去一双,而这一双本来是发给李富春自己的。可是不久,徐老又把鞋子送人了。没办法,徐老的秘书徐乾只好找来布料,利用业余时间,给徐老做了一双棉鞋。③

---

① 湖南省长沙师范学校编:《怀念徐特立同志》,长沙:湖南人民出版社,1979年版,第151页。
② 湖南省长沙师范学校编:《徐特立传》,长沙:湖南人民出版社,1984年版,第37页。
③ 许庆龙、劳斌编:《世界名人故事丛书·徐特立》,北京:团结出版社,1996年版,第102页。

师德楷模徐特立

有一年冬天,学院突然有不少学生患流行性感冒,病势迅速蔓延,医药又很缺乏。徐特立心急如焚,亲自给病人检查护理、煎药、做病号饭等,忙个不停。同学们考虑到他的健康,劝他不要进病房,以免传染,但他坚持一个窑洞一个窑洞地探望学生。

当年就读于补二班的学员肖田、师秋朗[①]回忆:"我们有一个同学邓维琛,因学习过度紧张,再加营养不良,经常头疼,难以坚持学习,他觉得赶大车倒好些,所以他就主动帮总务处去赶大车,为大家拉粮拉柴,这个十六七岁的少年,赶车却成了一把好手,两三匹大骡子在他手下乖得像猫一样,常常一去几天才回来。徐老惦记着邓维琛的发育成长和工作的艰辛,常常把自己的食品节省下来送给他,全校员工无不为之感动。"[②]

[①]师秋朗(1924—),师哲长女,自1939年开始先后就读于延安鲁迅师范、延安自然科学院,后到延安安塞完小、延大附中教书;中华人民共和国成立后曾在空军、青岛科技情报研究所、北京工业大学等单位工作,1984年离休。著有《现代圣人徐特立》等书。

[②]北京工业学院高等教育研究所编:《延安自然科学院史料》(第二辑),北京:北京工业学院出版社,1985年版,第149页。

第二节　关心和资助贫困学生

> 我平时最喜欢贫苦学生。
>
> ——徐特立
>
> 小孩之不幸,乃是社会上没有好的教养。……我们若是不将这般烂叫化弄好,将来他们长大,定是无业的流氓。我们睡觉,恐亦不安。
>
> ——徐特立
>
> 学生遍天下,春风吹无被。
>
> ——田　汉

一、关心家贫学生

徐特立说:"我平时最喜欢贫苦学生。"①徐特立当年的学生李维汉也回忆:"徐老对于贫苦学生的资助更是不遗余力。"对于家境贫困而有志学习的青年,徐特立总是极力支持、帮助并给予特殊的照顾。

田汉②是我国著名戏剧家、诗人、国歌歌词作者,在就读长沙县立师范时,他曾得到徐特立校长特别的关照和帮助。1912年2月,14岁的田汉考入刚刚创办的长沙县立师范本科第一班。由于父亲早已去世,田汉家里经济困难。他回忆:"我母也进城,起先在北门外摆了个小茶摊,后来在彭家井替人洗衣,帮助我的

---

① 湖南省长沙师范学校编:《徐特立文集》,长沙:湖南人民出版社,1980年版,第16页。
② 田汉(1896—1968),湖南长沙人,《中华人民共和国国歌》歌词作者,著名戏剧家。1912—1916年就读于长沙师范。中华人民共和国成立后曾任中国戏剧家协会主席兼党组书记、全国文艺界联合会副主席等职。

零用和抚养两个弟弟。"[1]田汉非常喜爱读书,可是买不起书,只好假日里到长沙图书馆去看书。为了省钱,他常常买一个烧饼带去充饥,留一个铜板买门票,一看就是一整天。徐特立知道后,就把自己的购书折交给田汉,要田汉到书店里去挑选自己喜爱的书,年底结账时由他付款。夏天,宿舍里蚊子多,徐特立又帮田汉买了一床蚊帐。

田汉聪颖活泼,他与同样爱好写作诗文的同学黄芝冈、曹伯韩、周竹安、张怀等人一起,写了一些打油诗贴在自修室的玻璃窗上,其中"特立狂涛骇浪中,宝刀血溅首元龙""黄竹村中鸡犬喧"等诗句,将校长徐特立以及首元龙、黄竹村两位老先生的名字嵌于其中。那两位老先生认为这是"侮辱师长",要求校长严加训斥。徐特立一面对田汉等人进行尊师的教育,一面鼓励他们把聪明才智用到正道上去,写出有意义的诗文来。在他的教导下,田汉等人认真地办起了《窗户报》。田汉取《晋书·刘琨传》中"吾枕戈待旦,志枭逆虏,常恐祖生先吾着鞭"之意,办了《祖鞭报》,在上面大胆议论市政,抒发救国爱民之情,甚为引人注目。徐特立是《窗户报》的热心读者,常常在夜晚提着马灯到处阅读,遇到切中时弊、短小精悍的诗文就抄录下来,刊登在他主办的《教育周刊》上。这对田汉等人是极大的鼓舞。

田汉对戏曲有着浓厚的兴趣。他回忆:"我是如此地热爱戏剧,从幼小就感到离不开它"[2],经常因皮影、木偶、湘剧、花鼓戏中的人物情节和表演感动不已。对此,徐特立热情地加以鼓励。1913年,著名戏剧家欧阳予倩回长沙组织文社,演出《热血》《不如归》《猛回头》等新剧,影响很大,"给湖南播下了新剧的种子"[3]。徐特立曾向田汉专门介绍这种新剧,激发他对革命戏剧的兴趣。

就这样,在长沙师范这所学风好、思想活跃的学校里,在徐特立的悉心关照下,田汉的文才得到了很好的培养和发挥,他对戏剧的爱好不断加深。正是在这里,他开始了最初的戏剧创作,于1912年写成了他的戏剧文学处女作《新教子》,发表在《长沙日报》上。1914年,他与黄芝冈等同学一起编《青年》杂志,并在上面

---

[1] 李辉编:《田汉自述》,郑州:大象出版社,2002年版,第163页。

[2] 田汉编:《田汉文集》,北京:中国戏剧出版社,1983年版,第466页。

[3] 张向华编:《田汉年谱》,北京:中国戏剧出版社,1992年版,第21页。

发表过两个剧本。1915年5月,他仿照清代孔尚任的《桃花扇》,构思上模仿梁启超的《新罗马传奇》,写作了戏曲剧本《新桃花扇》,连载于上海《时报》副刊,讽刺袁世凯卖国求荣、接受日本"二十一条"的丑恶行径。可以说,田汉走上戏剧创作之路并取得巨大成就,与徐老是分不开的。

田汉对徐特立的哺育之恩铭记在心,终身不忘。1947年徐特立70大寿时,田汉特意从上海寄来一首长诗,热情歌颂徐特立在教育方面的光辉业绩,其中"学生遍天下,春风吹无被,寒极暖亦近,雪深柏弥翠"①,满含对老师的感激之情。

懋师人中圣,乃产卑湿地。
二十村学究,三十有大志。
断指争国会,食肉惊民意。
辛亥创长师,艰难尝已备。
始在化龙池,再营泐潭寺。
人才相继出,高风良未坠。
当时及门人,亦有师所弃。
今方假民主,卖身干禄位!
四十赴欧洲,初习横文字。
角逐少年场,发愤忘眠睡。
归来报祖国,革命正火炽。
伤哉桃李花,十中死三四。
一片外婆心,满腹哀时泪。
愤然投烈火,举起人民帜。
仓皇入莫京,风雪炼卓识。
五十学游泳,自谓得奇致。
愈觉生命强,不信有难事。
六十参长征,七十司鼓吹。
但为解放战,不知老将至。
湘徐与皖陶,教育之双瑞。
陶死徐虽老,犹能兼人食。

---

① 湖南省长沙师范学校编:《徐特立传》,长沙:湖南人民出版社,1984年版,第39页。

> 学生遍天下,春风吹无被。
> 寒极暖亦近,雪深柏弥翠。
> 海上举金尊,共为老人醉。

有个叫黎升洲的铁匠,文化程度很低,家中贫寒,一心想进长沙师范学校学习,但考试成绩很差,没有被录取。徐特立就把他介绍到湖南军械修理厂做工,同时让他在夜校学习,经过一段时间补课,然后吸收他入学,还经常在经济上对他进行帮助。黎升洲从长沙师范毕业后,在浏阳高等小学校当教员,非常能吃苦耐劳,后来成了湖南有名的生物学教员,中华人民共和国成立后曾被评为长沙市和湖南省的优秀教育工作者。

还是在长沙师范学校,徐特立还破例吸收过一个叫廖奕的退伍兵入学读书。廖奕当兵以前,在长沙做雇工,从来没有上过学,只认识两三百字,但他非常想进长沙师范读书。文化程度这么低,怎么能考上呢?于是,他特地找到徐老,说:"我自知程度很差,但我有志读书。"徐特立想到社会上劳苦大众读书识字确实很不容易,又看到廖奕很有求学的志气,便笑着对他说:"好,我就取你'有志读书'四个字。"就这样,在徐特立的关照下,廖奕被学校破格录取了。入学以后,徐老经常给廖奕单独补习功课,廖奕读书也非常刻苦,进步很快,后来终于跟上了班。廖奕读完师范后,成了好教师,后来曾跟随徐老去法国勤工俭学,中华人民共和国成立后在湖南省工业厅工作。他回忆起自己的成长过程,常说:"若不是徐老看得起穷苦人,我哪有这一天。"

为了资助学生,徐特立自己常常过着非常简朴的生活。长沙市修业学校老师回忆:"徐老薪资微薄,有时甚至没有薪水。但是,他仍是乐于为学生服务,而尤其关心穷苦学生。学生中有因无资难以继续求学的,徐老就常予以金钱和物质相助。他每月的工资除用于办学、买书之外,多半就因为接济穷苦学生花光了。徐老的家人留在乡下,距长沙城80里,每次回家返城,要步行一整天。他连路上的午餐费也省掉不用,只从家里带些炒好了的红薯片,在路上充饥。"[①]

二、关心穷苦人读书认字

1905年,徐特立从宁乡速成师范结业后,一心做一番有利于国家民族的事

[①] 湖南省长沙师范学校编:《怀念徐特立同志》,长沙:湖南人民出版社,1979年版,第140页。

业。他看到当时新学兴起,长沙的办学风气很盛,官办的、私办的学校日益增多,但大都办在城里,广大穷苦的农村子弟还是没有机会读书。于是,徐特立与同学姜济寰、何雨农一起,在离长沙城15公里的榔梨镇,创办了梨江高等小学堂,专门招收农民子弟入学。这所学校于7月中旬正式开学。经费主要由姜济寰和何雨农筹措,徐特立负责具体教学事务。为了节省开支,徐特立给自己立下"不拿工资,只吃饭"的规矩,想方设法维持学校的正常办学。

辛亥革命后,徐特立曾担任湖南省教育司科长。他看到很多劳动人民的儿女上不了学,便建议专门为他们开办半日制学校或夜校。但教育司里一些旧思想严重的人不同意这个建议。他们说:"这些野孩子像田里的狗尾巴草,不堪教育,还给他们办什么学校?"徐特立听了,气得把科长的委任状退了回去,愤愤不平地离开了教育司。后来,他约了几位教师,在长沙北门外离火柴公司和几家工厂很近的李大中丞祠堂里,办起了平民夜校,实现了让劳苦大众和他们的子弟都能读书认字的愿望。徐特立白天在学校里教课,晚上和那几位教师轮流到夜校来上课。每到天黑以后,夜校学生就从各个地方匆匆来到学校。他们当中有推车的、有挑担的、抬轿的,也有工厂的工人和商店里的学徒,都是一些当时被人瞧不起的粗人。夜校开了好几门功课,有国文、算术和地理,还宣讲时事,让学生了解国家大事。学生越来越多,最多时达到二百多人。

徐特立还非常关心流浪街头的孤苦儿童,曾担任湖南孤儿院院长多年,这不仅是出于对孩子的爱,更体现出徐老作为教育家有着强烈的社会责任感。他说:"从前在长沙办孤儿院,孤儿院都是一般的烂叫化。……小孩之不幸,乃是社会上没有好的教养。……我们若是不将这般烂叫化弄好,将来他们长大,定是无业的流氓。我们睡觉,恐亦不安。"[①]

三、关心革命后代的成长

随着日本帝国主义侵略中国的步伐不断加快,到1936年冬,华北五省已经

[①] 湖南省长沙师范学校编:《徐特立文集》,长沙:湖南人民出版社,1980年版,第50页。

师德楷模徐特立

名存实亡,中华民族处在生死存亡的紧急关头。中国共产党在延安高举抗日救国大旗,边区的大批干部纷纷赶往前线,与日军浴血奋战,他们年幼的子女留在后方无人照管。为了使前方浴血奋战的将士能解除后顾之忧,安心抗战救国,也为了把革命的后代、烈士的遗孤培养成才,徐特立提议成立干部子弟小学。中央政府批准了这一建议。1937年3月21日,徐特立在他担任校长的鲁迅师范学校附设了一个实施供给制、养教结合的干部子弟小学班(1938年1月改为干部子弟小学)。一大批革命后代在这里得到精心照顾和教育,健康成长。

徐特立非常关心鲁迅师范干部子弟小学班学生的学习和生活。他在鲁迅师范期间,每天晚上都要到学生宿舍看望学生,帮孩子们盖被子。当时,边区物资缺乏,供应紧张,他总是有饭先让小学班学生吃,有衣先让小学班学生穿。当年曾在小学班学习过的谢绍明同志说:"徐老的革命精神对我是很好的革命教育,从此,我见到同志有困难就帮助,逐渐成了一种习惯。"[1]

1940年,徐特立担任延安自然科学院院长。学院中有不少学生是革命后代,例如李硕勋烈士的儿子李鹏[2]、叶剑英的儿子叶选平[3]等。徐特立对这些革命的继承人非常爱惜。

---

[1] 王云风主编:《徐特立在延安》,西安:陕西人民教育出版社,1991年版,第12页。
[2] 李鹏(1928—),祖籍四川成都,生于上海。1941—1943年在延安自然科学院学习,1945年加入中国共产党。中共第十二届、十三届、十四届、十五届中央委员,十二届五中全会增选为中央政治局委员、中央书记处书记,十三届、十四届、十五届中央政治局委员、常委。1988年4月至1998年3月任国务院总理。
[3] 叶选平(1924—),广东梅县人,延安自然科学院机械系毕业。1945年加入中国共产党,中共第十二届中央候补委员,第十三届、十四届中央委员。曾任广东省省长,第七、八、九届全国政协副主席等职。

第三节 "惩戒方法以不用为是"

> 我们要做园丁,不要做樵夫。
> ——徐特立
>
> 体罚是野蛮的事情。
> ——徐特立
>
> 岁岁不忘歼敌事,朝朝只见诲人忙。言为尔训身为则,群有师尊党有光。
> ——朱 德,康克清

作为伟大的教育家,徐特立爱生如子,这不仅表现在他无微不至地关心学生的生活起居,更表现在他对学生的谆谆教诲之上。

1947年2月,徐特立七十大寿时,朱德、康克清特地写了一首祝寿诗:

> 徐老七十寿而康,正气凛然如雪山。
> 岁岁不忘歼敌事,朝朝只见诲人忙。
> 言为尔训身为则,群有师尊党有光。
> 现代圣人称颂久,德高望重公堪当。[①]

"岁岁不忘歼敌事,朝朝只见诲人忙"一句,高度称赞了徐老诲人不倦的高贵品质。

徐特立爱生如子,还表现在一个重要的方面,这就是主张在教育中尽量少用惩罚。惩罚以其历史性和当代性的特点,成为教育中经常讨论的话题,甚至引发过激烈的争议。一方面,由于教育对象在心智上的不成熟,把惩罚作为一种常规

---

① 师秋朗:《现代圣人徐特立》,北京:红旗出版社,1992年版,第174页。

的教育手段,在学生身心能够承受的前提下,对学生问题行为进行强制性纠正,这是有其合理性的,所以自古以来就有"严师出高徒"乃至"棍棒底下出好人"的说法。但另一方面,这种强制性纠偏一旦超出一定的限度,就很容易对受教育者的身心造成或显性或隐性的伤害,这就完全违背了教育的宗旨。因此,在惩罚问题上,所有教育者都应当慎之又慎。出于对学生的热爱,更出于教育家的敏感与智慧,徐特立明确提出"惩戒方法以不用为是"[①]。

一、"我们要做园丁,不要做樵夫"

徐特立一生热爱教育事业。他18岁担任乡村蒙馆塾师,由此开始从事教育工作,直至91岁高龄辞世,毕其一生都没有离开过他热爱的教育事业。正如他自己所说:"(我)一生都是教书。从蒙馆、初小、高小、师范,一直到高等师范,我都担任过教员。"[②]

徐特立高度评价教师工作的重要性。他说:"教师是真理的传播者"[③],是"灵魂的工程师",并一再向教师强调"我们要做园丁,不要做樵夫"[④]。因为教师工作极其重要,是在为国家、为社会培育花朵、培育幼苗。这既是一项神圣而光荣的职责,同时又是一项非常谨慎、认真、严肃的工作,稍有不慎就可能成为"樵夫",对宝贵的"花朵"和"幼苗"造成伤害。做教师不容许失败了再来,一定要有诲人不倦、做好辛勤园丁、育好花朵幼苗的精神。

作为园丁,对学生的一切言行都应出于对他们的关爱,顺应他们健康成长、成才的需要。遇到学生犯错时,负责任的教师首先想到的应该是弄清楚事情的原委即学生之所以犯错的真实原因,然后再采取相应的教育策略。关于学生犯错的原因,徐特立认为有两方面,一是客观原因,主要在于社会的不良影响,"因

[①] 湖南长沙师范学校编:《徐特立文集》,长沙:湖南人民出版社,1980年版,第355页。
[②] 王云风主编:《徐特立在延安》,西安:陕西人民教育出版社,1991年版,第67页。
[③] 北京理工大学编:《徐特立眉批选》,广州:广东人民出版社,1989年版,第245页。
[④] 武衡、谈天民、戴永增主编:《徐特立文存》(第三卷),广州:广东教育出版社,1995年版,第283页。

为小孩之不幸,乃是社会上没有好的教养"①;另一方面是主观原因,主要有两点:"或者出于一时感情的冲动,事后常常自己怀悔;或者出于自以为合于真理,合于人情,坚持自己的意见。"②前一种情况犯错者已经有所悔悟,加不加惩罚都已不太重要,甚至,在犯错者悔悟时加以惩罚,反而会降低内省的效果;而后一种情况是由于认识上的不足,完全不是有意,因此更要避免惩罚,教育者更应该做的事情是帮助犯错者改进认识,把事情的原委弄清楚,让他自己认识到自己的错误。这样,教育效果会好得多,而且,"如果学生真正了解自己的错误,那就是自己在精神上受了惩戒"③。

有一次,延安自然科学院一位年纪较小的学生,看到附近百姓的羊跑到他们集体种的菜地里吃菜,心里急了,跑上去抓住羊就打。徐老恰好路过这里,他急忙走过去,把羊牵出菜地,然后对这位学生说,羊是老乡家的,不能打坏了,再说打羊也不能解决问题,应该劝羊的主人把羊管好;无论办什么事都要开动脑筋,要注意工作的效果和方法。一席话,说得那位学生心悦诚服,满口称是。④

二、关心爱护有缺点和错误的学生

徐特立的诲人不倦,尤其表现在他对有缺点错误学生的悉心爱护。

徐特立对有缺点错误的学生,反对轻易采取处分、开除学籍的办法,而是进行批评、教育,做耐心细致的思想工作。他认为,每个学生都有长处,也各有缺点,"教育者只要善于发现,善于因势利导,使学生的长处得到发展,缺点得到克服,就可以成为有用的人"⑤。因此,对犯错误的学生,不能冷淡、疏远和歧视,要从爱护的角度出发,耐心细致地做工作,要像慈母一样用滚烫炽热的心去熔化学生心灵上的冰霜,从而使他自觉地改正缺点和错误。

---

①湖南长沙师范学校编:《徐特立文集》,长沙:湖南人民出版社,1980年版,第50页。
②湖南长沙师范学校编:《徐特立文集》,长沙:湖南人民出版社,1980年版,第50页。
③湖南长沙师范学校编:《徐特立文集》,长沙:湖南人民出版社,1980年版,第355页。
④王云风主编:《徐特立在延安》,西安:陕西人民教育出版社,1991年版,第62页。
⑤师秋朗:《现代圣人徐特立》,北京:红旗出版社,1992年版,第31页。

在长沙师范时,有一个学生破坏纪律,造成了很坏的影响,校务委员会讨论,决定予以开除。后来徐特立听了这个学生的申述,认为这个学生虽有错误,但确实有诚意改正错误,于是说服校务委员会成员和部分教员,收回了开除学籍的决定,使这个学生获得了重新学习的机会。①

又有一个叫粟福基的学生,聚众闹事,要求提前放假,被开除学籍回家去了。徐特立为此事深感不安,思考了几天:难道这个学生真不能再教育了吗?我们的思想工作是不是做到家了?他回家以后还能继续学习吗?想来想去,总觉得:这个学生固然有错误,但我们的思想工作亦有不到位之处。于是,徐特立便派人到学生家,将他找回来,对他进行了严肃的批评教育,又考虑这个学生不便在学校继续学习,需换个环境,便亲笔写了一封信,介绍他去长郡中学继续学习。这个学生后来学习刻苦用功,成了长郡中学的一名好学生。②

在延安自然科学院时,一些刚来学院的学生,有的过不惯艰苦的生活,不愿意吃小米饭,不想吃野菜、黑豆,甚至个别学生吃馒头还要剥皮,衣服穿脏了自己不洗,要送到老乡那里去洗。对此,徐特立对他们进行耐心细致的教育:"俭朴生活,不但可以使精神愉快,而且可以培养革命品质。"勉励学生要"用勤俭克服贫困,以整洁维持精神"。③

三、"体罚是野蛮的事情"

当然,作为教育家的徐特立,也并非绝对地反对惩罚,只是在此问题上非常谨慎。他说:"如果在事实上有加以惩戒的必要,必然是屡戒不悛重犯相同错误的。"④这就明确指出了教师可以采取惩罚教育方法的前提——"屡戒不悛"。因为学生的这种表现,说明他在认识上出了问题,没有意识到犯错的严重性,因此可以通过特殊手段——惩罚,以引起其充分的注意。但是,即使采用惩罚,仍是应注意方式方法的,正如徐特立所说:"在这种情况下,可以和当事人共同商讨

---

① 湖南省长沙师范学校编:《徐特立传》,长沙:湖南人民出版社,1984年版,第37页。
② 湖南省长沙师范学校编:《徐特立传》,长沙:湖南人民出版社,1984年版,第38页。
③ 王云风主编:《徐特立在延安》,西安:陕西人民教育出版社,1991年版,第130页。
④ 湖南长沙师范学校编:《徐特立文集》,长沙:湖南人民出版社,1980年版,第355页。

惩戒的办法,以示爱护他和转变他的诚意,切不宜抱敌对的态度。在惩戒中是要使感情弄好而不是弄坏。"①惩罚是强制性的纠偏,必然与学生的认识和想法出现直接和比较激烈的碰撞,一定要尽量让学生意识到,老师采用这种办法是势不得已,在内心上是为了关爱学生,从而让学生自觉地、服从地转变态度,顺应和配合老师的要求,进而达到教育的目的。

相反,如果一位教育者内心缺乏对学生真诚的关爱,在面对学生的错误时,就非常容易产生恼怒情绪、敌对情绪、报复情绪,从而对学生进行体罚。体罚很容易对学生产生身心上的伤害,或隐性或显性,或短期或长期,但都是有悖于教育的宗旨,有悖于教师伦理道德,因而必须加以禁止。

徐特立的学生、同事、终身的好朋友熊瑾玎②曾说:"徐老是当塾师、当小学教员出身,所以对于儿童格外关怀,格外爱护,他最反对对儿童施用体罚和变相的体罚,认为'体罚是野蛮的事情'。"③

徐特立指出,对学生不当惩罚有两大弊端:"其一,就是无理的屈服,即盲目的服从;另一,就是更增加其不满,另找寻报复的机会。前者必使学生渐成奴性,后者必使学生更加横蛮不讲理了。"④在他看来,学生的本质是纯洁的:"我对于小孩,感觉一句话,就是小孩是没有罪过的。"⑤因此,"惩戒方法以不用为是"⑥。

1946年,徐特立专门写了一封信给边区教育通讯社。信中说:"我们的教育是革命的教育,其目的是教国民,而不是教顺民,应反对无理的服从和自己没有了解的盲从。一切纪律,只是自觉地遵守,而不是受到无理的外力压迫而遵守。因此,对于破坏纪律的学生不是惩戒而是说服。说服的方法,不是由教师片面地

---

①湖南长沙师范学校编:《徐特立文集》,长沙:湖南人民出版社,1980年版,第355页。
②熊瑾玎(1886—1973),湖南长沙人,中共中央在上海时期的财务管家,《新华日报》总经理,中华人民共和国成立后曾任中国红十字会副会长、政协全国委员会委员。
③湖南省长沙师范学校编:《怀念徐特立同志》,长沙:湖南人民出版社,1979年版,第83页。
④湖南长沙师范学校编:《徐特立文集》,长沙:湖南人民出版社,1980年版,第355页。
⑤湖南长沙师范学校编:《徐特立文集》,长沙:湖南人民出版社,1980年版,第50页。
⑥湖南长沙师范学校编:《徐特立文集》,长沙:湖南人民出版社,1980年版,第355页。

注入,而是双方的讨论和研究,不是压下学生坚强的意志,而是增加对学生进一步的了解,以正确的知识来克服无知的盲动。"①

正是出于这样一种观点与主张,从来就是慈祥"外婆"形象的徐特立甚至为此大发雷霆。那是中华人民共和国刚成立后的一件事情。在中华人民共和国成立初的几年里,全国小学教育有很大的进步,但学校中带有封建传统习气的体罚现象还是存在。徐老特别关心这个问题,常常搜集这方面的材料,加以分析和研究。1952年冬,徐老在听取教育工作汇报时,听与会者谈到各地小学体罚现象,说有位教师拉伤了学生的手腕,有位老师甚至逼学生去舔自己吐在地上的痰。徐老还没听完,已经气得两手发抖。他气呼呼地站起来,怒不可遏地说:"这些人不配做教师!不但不爱护儿童,反而虐待儿童,摧残儿童!这种违法行为,应该处分!学校领导,没有教育好老师,不去消灭学校里的体罚现象,也是不负责任的表现!"徐老越说越愤怒,在座的人都为之动容变色。大家都知道,徐老平时是很少发脾气的,都说:从来没见过徐老发这么大的火!大家都很清楚,徐老的这次发怒,是源自心中对学生、对下一代的真挚的爱。大家都深为徐老对学生的爱而感动,一致希望教师们改变过去体罚、侮辱学生的教育方法,改用新的教育方法去培养新的一代。②

---

① 湖南长沙师范学校编:《徐特立文集》,长沙:湖南人民出版社,1980年版,第355页。
② 谷斯涌:《革命老爷爷徐特立》,北京:中国少年儿童出版社,1980年版,第90页。

第四节　始终心系青少年

> 有出息的青年人都要到社会主义建设事业里去打先锋,到艰苦困难的环境中去锻炼自己,要做到不求个人名利,不问个人得失。数十年来为革命而牺牲的干部和群众多得无法计算,光死在敌人牢狱里的革命志士就不知道有多少万。他们流血牺牲为我们创造了幸福,我们青年为社会主义多出些力,经历些艰苦,不是理所当然的事吗?一个人如果只图享受,不愿吃苦,不肯贡献,是永远不会有幸福、有愉快的。
>
> ——徐特立
>
> 青年人应该多想一想我为人民做了什么,我为国家做了什么,而不应该想个人名利地位,要讲贡献,不讲享受。
>
> ——徐特立
>
> 青年不仅要下决心继承好前人的事业,还要下决心超过老一代人——后来居上。
>
> ——徐特立
>
> 青年人任重道远,要继承的不是财产,而是前辈留下来的尚未完成的革命事业,发扬前辈的革命精神。
>
> ——徐特立

1949年10月1日,中华人民共和国宣告成立。徐特立登上天安门城楼,亲眼看着毛泽东主席升起第一面五星红旗,亲耳听到毛泽东主席庄严宣告"中华人民共和国中央人民政府成立了!"非常高兴自己为之奋斗了近50年的革命理想终于成为现实。

这一年,徐特立已经72岁,在一般人看来早就应该好好享福、安度晚年了。可徐特立却不是这样的,他不因为革命已经大功告成,自己也已经年逾古稀,可以坐享清福,而是想到国家在经济、文化建设方面面临的艰巨任务。他在《祝吴老(指吴玉章)七十大寿》的诗篇里写道:"……百年殖民地,从此永完结。前途之艰巨,基本在建设。幸勿过乐观,成功在兢业。您我励残年,尽瘁此心血。"①表现出"老骥伏枥,志在千里"的宏伟志愿。他不顾年事已高,积极投身于新中国的文化教育事业,继续以各种方式关心、指导教育工作,或报告讲演,或撰文著述,或接待来访,或书信交流……特别是在不担任中共中央宣传部的实际领导工作之后,他的大部分时间,主要用在对青少年一代的教育上。他每年都要应邀到一些大专院校、中等学校和小学校去讲话做报告,平日要接待一些来访的青少年,还经常写文章论述有关青少年的理想、前途和修养等问题,或者为学校、为青少年题词。虽然政务繁忙,虽然年事已高,但他内心始终密切关注着青少年一代的健康成长,为教导青年倾注了毕生的心血。

一、到学校视察、讲话

(一)回长沙师范

长沙师范学院(前身长沙县立师范)是徐特立于1912年亲自创办的。对这所学校,徐特立始终充满深厚的感情。从中华人民共和国成立直至他逝世的19年间,他不顾年事已高,先后于1953年6月、1955年秋、1956年6月、1957年正月、1958年11月、1960年2月、1962年冬、1965年2月、1966年3月共9次回到魂牵梦绕的长沙师范学院,视察指导工作,和师生座谈交流。

1955年秋,正当丹桂飘香的季节,徐特立回到长沙师范,并深入课堂听课,走进办公室和教师交谈,参加师生座谈。在与语文教研组教师的交谈中,他指出:"学生要把语文这门课学好,要诀在于教师讲得透。""讲透一篇文章一个词语,必须以教师深广的知识作背景,才有可能引导学生采取课文的思想内容,掌握其艺术形式。"他对姜国仁校长说,教学沿用的苏联教材"要删掉三分之二,加进我们国家的实际基础知识"。

---

① 叶剑英等:《十老诗选》,北京:中国青年出版社,1979年版,第169页。

1956年6月,徐特立视察长沙师范学校并指导工作。对学校学习苏联的做法,安排学生一年级就开始实习,因而整个学习时间段实习时间过多的做法,表示了不同意见。他说:"学师范的人,要干一辈子教学工作,教学方法、技能技巧是不断改进的,何必实习那么多时间呢?要紧的是学生的基础知识,要在学生的基础知识上下功夫。"姜国仁校长听从徐特立的意见,适当减少了学生的实习时间。①

关于徐特立与长沙师范,还有这么一个有趣的小故事:徐特立回长沙,住在省委招待所。一天早晨,他独自一人徒步经由小吴门走到位于荷花池的长沙师范,来校检查和指导工作。他的随行人员不知道他到哪里去了,急忙到处联系,后来得知他到了荷花池才松了一口气,派车接回省委。

1966年3月,徐特立最后一次回长沙师范学校。这一年,他已是89岁高龄。他迈着矫健的步伐走在校区的林荫道上,和跟随在身边的师生亲切交谈,笑眯眯地手持乒乓球拍与学生们对垒。他还在学校亲手种下了4棵蜜橘树,表达他对全校师生的殷切期望。

(二)回湖南第一师范

徐特立对于湖南第一师范这所曾任教6年(1913—1919年)的"千年学府、百年师范",同样是感情深厚。他于1953、1955、1956、1959、1962、1966年6次到湖南第一师范视察指导。②

1955年春,徐特立回到湖南第一师范,在参观学校三楼的图书室和仪器室时,他对校长李迪光等人说:读书要手脑并用,要重视科学实验;有关家国书常读,无益身心事莫为。他还勉励随同的教师,要热爱教育事业,树立专业思想;教育是立国之本,要一辈子甘做人梯。回到办公室时,他指着自己为学校写的"实事求是,不自以为是"的题词说,这是马列主义的精髓,也是他做人办事的座右铭。③

---

①徐禹强、徐文浩主编:《万世师表徐特立》,北京:中国档案出版社,1998年版,第173页。
②徐禹强、徐文浩主编:《万世师表徐特立》,北京:中国档案出版社,1998年版,第530—533页。
③章桂佛:《一位老教师眼里的徐特立》,2011年1月18日《中国教育报》。

1956年冬,80岁高龄的徐特立到湖南第一师范学校,在礼堂前面的草坪上和全校师生见面,并谆谆告诫青年学生:"由于你们生长在毛泽东时代,逢着伟大的祖国正进行社会主义建设,你们的生活是幸福的,你们的任务是艰巨的。……青年们不但应该经常锻炼身体,增进健康,还必须抱革命的乐观主义,不论烦闷困累自己。几十年来,我在工作和事业中不知遇到了多少挫折、打击和失败,但我有一种长处,就是不论在什么恶劣的情况下,从来不发愁,不着急,不唉声叹气。我是这样想的:失败是一种损失,失败后又来一个发愁、着急,不是再加一层损失吗?这未免太不合算了!我不干这种傻事!一个人走路不小心摔了一跤,唯一的办法就是爬起来再走,像小孩子摔了跤就滚地、哭脸,有什么用呢?事情失败了,就只有再干。真有决心毅力的人,失败每每是成功之母,愁什么,急什么?"徐老洪亮的声音、饱含的热情、殷切的希望以及开朗乐观的精神,深深地感染了在场所有师生。

(三)回宁乡师范、周南中学等学校视察指导

宁乡师范前身是周震鳞创办的宁乡驻省中学师范速成班,徐特立于1905年在该校学习了4个月,深受资产阶级民主革命思想的影响,实现了政治思想和教育思想的重大转变。

1960年2月8日,徐特立偕同好友、时任最高人民法院院长的谢觉哉到宁乡师范,在学校领导陪同下兴致勃勃地参观校园,随后到学校办公室与教职工亲切交谈,了解学校教学情况和师生思想状况。他说:"劳动是要搞一点,但要适度,搞多了可不行呀!学校要像个学校嘛!"二老对学校的发展谈了很多宝贵意见。那天,二老情绪很好,走到大门口时,他们互相开玩笑。徐老说:"我们退休了,干点什么工作呢?可不能白吃农民的饭呀!"谢老笑着回答:"我准备看牛。"徐老说:"你怎么能看牛,你只能赶鸭子。"说完,哈哈大笑起来。二老回母校的喜悦心情,感染了周围的工作人员,大家也很高兴,都觉得二位老人好像回到了青年时代。回北京后,徐特立给学校写了一封信,对学校发展寄予深切关怀,勉励师生努力把这所具有光荣革命传统的学校办成具有社会主义特色的新型师范学校。①

---

① 黄小珩:《徐特立与宁乡师范》,《徐特立研究》1997年第2期。

周南中学前身为朱剑凡于1905年创办的周氏女塾。徐特立于1906年春应邀到女塾任教,负责国文、历史等学科的教学,深受学生的欢迎。

1953年5月,徐特立回到阔别26年的周南中学。当时徐老已有76岁的高龄,须发斑白,却没有一点老态龙钟。只见他神采奕奕,步履敏捷,慈祥地微笑着,向欢迎的人群频频点头挥手致意。学校负责人请他到办公室休息片刻,徐老摆摆手说:"不休息了,让我跟老师和同学讲几句话。"于是大家簇拥着徐老到了大礼堂——剑凡堂。徐老的秘书考虑到徐老年事已高,不能过于劳累,便和学校负责人商量好,恳求徐老把讲话的时间限制在十分钟左右。哪知道徐老一上台,一口气滔滔不绝地讲下去。十分钟过去了,半点钟过去了,一个钟头过去了,徐老仍毫无倦意,接着又讲了二十多分钟才结束。徐老生动形象地讲述了当年他在周南工作的情景,特别谈了他在修业学校教书时是怎样断指血书激励学生参加反清的民主革命的。徐老讲得激昂慷慨,铿锵有力,深深地感染了每一个老师和同学。徐老还语重心长地向全校师生表达了老一辈无产阶级革命家的期望,他勉励同学们树立远大的共产主义理想,认真学习马克思、列宁和毛泽东同志的著作,天天读报,关心国家大事,刻苦钻研科学知识,打下坚实的基础,并注意锻炼身体,准备将来接班。徐老这些话像一阵阵和煦的春风,吹开了师生的心扉,激励着他们努力工作、努力学习,为国争光。

(四)到北京第一师范等学校视察指导

1957年7月29日,徐特立到北京第一师范学校,会见即将奔赴工作岗位的毕业班同学,并在三楼一间教室里和20多名毕业生代表亲切交谈。他深情地嘱咐这些未来的教师:"做教育工作的人,一般总是先进分子,他们继承了民族的文化遗产和经验,他们是受尊敬的人。我希望你们一生都做教师,再也不想别的。想成为专家,只能钻研一门科学,我希望你们钻研教育科学。学习不能只学课本,把知识在实践中运用起来,才能丰富它。你们如果在教育科学中能解决实际问题,有创造,就是专家了。钻研科学不容易,要用心才行。没有条件,就自己创造条件,有了小创造才能有大创造。我希望你们树立起这个革命的人生观。"[①]

此外,徐老还曾到长沙县五美学校、株洲市二中、北京工学院、重庆师范学院

---

① 武衡、谈天民、戴永增主编:《徐特立文存》(第五卷),广州:广东教育出版社,1995年版,第350—351页。

等众多学校视察,关心指导学校工作,关心青年学生成长。

二、接待青年学生

除了亲自到学校视察指导外,徐老平时还在寓所,或者外出时在住处,热情接待来访的青年学子。

1958年3月,徐老与谢老一起到重庆视察,并在住地人民宾馆亲切接见重庆机关青年,谈到了对青年的希望。他说:社会是永远前进的,社会不会停滞不前,只会更加进步,我们今天的社会是越来越好。我们那个时候是打封建、打军阀、打蒋介石,现在这些任务都完成了。今后你们要向资本主义、向大自然、向宇宙做斗争。这个任务是很艰巨的,前途是远大的,无量的,要由你们青年来完成。社会主义、共产主义的前途是美好的。社会进步,永远不会停顿的,一个跃进接着一个跃进。但是,人就不同了,有的人在前进中会掉队的;自己不努力,就跟不上时代,会停滞不前,会落后。今天,全国各方面、各个人都在大跃进,如万马奔腾,在每个地方都能看到青年的劲头很大。是呀!老的,少的,每个人都要跃进,你不跃进,就要落后。谈到"跃进",徐老语重心长地再三勉励:"先进工作者,要跟上社会前进,如果满足于先进,就会落后。一部分先进的人、进步的人,若过多鼓励他,他就会不知道自己的缺点,就会骄傲,若一骄傲就会落后。机关青年要防止个人主义和骄傲。"他还教育青年要永远鼓足干劲,力争上游,奋勇前进,跟上时代;要谦虚谨慎,克服个人主义为党工作。最后,徐老指出:"红透专深,这是青年的一个好方向,是我们老年人对你们的希望。"

1960年9月,徐老在北京平安里中宣部招待所接见了湖南第一师范保送到北京师范大学学习的李保初、徐征等10多位同学,交谈了将近两个小时。针对当时全国出现的困难情况,徐老介绍了毛泽东主席同全国人民一起克服困难的情况:"毛主席现在生活也很苦,吃菜除辣椒外,最多的是白菜,偶尔也吃点豆腐,不吃肉。他知道人民群众的困难,经常整夜睡不着觉。"徐老的讲述语调沉重而缓慢。

1962年5月,在周世钊①、徐乾的陪同下,徐特立在中央招待所接见了湖南第一师范保送到北京师范大学学习的学生雷晋虞、段淑华等30余人,向他们提出殷切期望:一要思想进步,二要努力学习,三要锻炼身体,并合影留念。②

三、讲话、写信、题词、撰文,谆谆教诲青少年

1955年冬,徐特立和林伯渠回湖南考察时发现,部分知识青年不安心在农村工作,特别是不安心在边远地区工作。回到北京后,他在答记者问时,着重指出:"在农村和边疆,需要科学技术的改进,群众团体和党政机关普遍地需要知识分子。因此,知识分子在农村和边疆有广泛的活动场所。中学和小学是普及教育,并非专门人才,应该服从党政以及群众组织的派遣,服从工作的需要,去改造世界也改造自己,忠心为社会主义服务。"他在答问中,还强调党政机关,要特别关心和支持分配到农村和边疆地区工作的知识青年,为他们创造贡献自己才干的条件。

1957年的新年前夕,《中国青年报》记者请徐特立谈谈什么是幸福。他联系自己参加革命斗争的经历,指出:"有出息的青年人都要到社会主义建设事业里去打先锋,到艰苦困难的环境中去锻炼自己,要做到不求个人名利,不问个人得失。数十年来为革命而牺牲的干部和群众多得无法计算,光死在敌人牢狱里的革命志士就不知道有多少万。他们流血牺牲为我们创造了幸福,我们青年为社会主义多出些力,经历些艰苦,不是理所当然的事吗?一个人如果只图享受,不愿吃苦,不肯贡献,是永远不会有幸福、有愉快的。"③

---

①周世钊(1897—1976),字惇元,又名敦元,别号东园。湖南宁乡人。著名教育家和爱国民主人士。历任湖南第一师范校长,湖南省教育厅副厅长,湖南省人民政府副省长,湖南省政协副主席,系第四届全国人民代表大会常务委员、中国民主同盟中央委员、湖南省民盟主任委员。
②徐禹强、徐文浩主编:《万世师表徐特立》,北京:中国档案出版社,1998年版,第451—452页。
③武衡、谈天民、戴永增主编:《徐特立文存》(第五卷),广州:广东教育出版社,1995年版,第352页。

师德楷模徐特立

1958年,《中国青年》杂志社请徐特立谈勤工俭学,他撰写了《劳力与劳心并进,手和脑并用》的文章,谆谆告诫青少年:"现在我们的青年再不必去为国家存亡担忧,也没有生活的逼迫,客观环境很好,这是好的一面,但也有可能因此使我们的青年变成'大小姐''大少爷',所以我们提倡勤工俭学,可以锻炼青年,为青年的全面发展创造有利的条件。勤俭两字是永远永远需要的,现在需要,到了共产主义社会也需要。有了勤俭,社会才能前进。在教育制度上有了勤俭,也可以使教育事业大大前进。最后我送给青年两句话:'劳力与劳心并进,手和脑并用。'"[1]

1963年6月,徐特立在《新湖南报》上发表文章《让革命的红旗世代相传》,写道:"今天我们的青年人,心灵上再没有旧社会留下的创伤了。但是我们应该帮助青年人了解过去。他们一旦了解过去的痛苦,就会懂得今天我们对工作挑三拣四是多么不对!毕业分配到边疆不愿去,艰难的地方不愿去,是多么不应该!"[2] "青年一代……还应该了解历史赋予自己的任务,了解自己肩上的责任。"[3] "老一辈的革命者,在战争年代,为什么能以苦为荣,以苦为乐?为什么不论环境多么艰难困苦,都能勇往直前,毫不动摇?就是因为他们考虑的是国家的前途,民族的解放,人民的幸福,脑子里装了天下的劳苦大众,个人主义就没有位置了。"[4] 他认为,"前一代是为后一代打基础的,前人栽树,后人乘凉。但青年应该在前人的基础上搞得更好一点。我们继承遗产,应该加一点东西进去,社会才能发展。弄了半天,和以前一样,这就是落后。时代是不断前进的,时代超过了就要赶上去。社会在发展,我们必须是一代超过一代,后来不居上就是落后,不光是后退才是落后。落伍的兵是可耻的,一落伍就会孤立。"因此,"青年人应该多想一想我为人民做了什么,我为国家做了什么,而不应该想个人名利地位,要讲贡献,不讲享受"[5]。"青年不仅要下决心继承好前人的事业,还要下决心超过老一代人——后来居上"[6]。

---

[1] 湖南省长沙师范学校编:《徐特立文集》,长沙:湖南人民出版社,1980年版,第587页。
[2] 湖南省长沙师范学校编:《徐特立文集》,长沙:湖南人民出版社,1980年版,第629页。
[3] 湖南省长沙师范学校编:《徐特立文集》,长沙:湖南人民出版社,1980年版,第630页。
[4] 湖南省长沙师范学校编:《徐特立文集》,长沙:湖南人民出版社,1980年版,第631页。
[5] 湖南省长沙师范学校编:《徐特立文集》,长沙:湖南人民出版社,1980年版,第632页。
[6] 湖南省长沙师范学校编:《徐特立文集》,长沙:湖南人民出版社,1980年版,第633页。

除了发表讲话、撰写文章外,徐特立还通过回复学校或个人的来信,或用简明、扼要、隽永、深邃的话语题词,表达自己的殷切期望。

1958年10月,徐特立为广西大学题词:"手脑并用,又红又专。"

1959年12月8日,徐特立写信给青少年朋友们,说:"我每次看到你们热情的来信,都似乎亲切地看到你们像花朵,像春芽,生气勃勃,天真可爱地活跃在我的周围。……你们的条件胜过我们,贡献也该多,应该一代胜过一代。重说一遍:你们应当比前一代怀更大的志气,抱更大的理想,负更大的责任,把祖国建设得繁荣兴旺。"①

1962年7月,徐特立收到了祖国大西北新疆建设兵团农八师子女学校孩子们的一封信,信中孩子们向徐老讲述学校组织开展"向徐特立老爷爷学习"的活动,以及自己的进步。徐特立很快就寄去了回信:"了解到你们的老师对你们认真地培养和你们自己努力用功,因此进步快、成绩好。我看了非常高兴。希望你们在这样好的基础上,养成尊师好学、不怕困难、不占便宜、不说假话的老实作风。"②

1962年12月20日,徐特立应《北京晚报》记者丁浪之请,写了如下的题词:"青年人任重道远,要继承的不是财产,而是前辈留下来的尚未完成的革命事业,发扬前辈的革命精神。"

徐特立曾3次为湖南第一师范题词。1950年11月6日,应湖南第一师范学校校长、当年他任教第一师范时的学生周世钊之约,他题写"实事求是,不自以为是",希望以此作为该校的校风,并写了一封长信加以解释:"'实事求是,不自以为是',是我们领袖毛泽东同志的作风,由他所领导的中国共产党自1935年以来,就成为我们全党的党风。这种作风是对学习、对工作、对领导者和被领导者、对一切人、一切事业都是需要的。它不是高深难了解的理论,也不是艰巨难做到的工作,是一句极平实极老实的口号,但它的本质是马克思的辩证唯物论。没有它,一切革命、一切建设、一切工作和学习,都会有偏差,都会有走上歪风的危险。……特立希望第一师范以毛主席的作风——实事求是,不自以为是——作为校风。"时至今日,徐老的这幅题词,仍高悬在湖南第一师范校内,成为全院师生工作与学习的准绳。此后,徐老分别于1966年、1967年,先后为学校题词"突出政治,又红又专""发扬革命光荣传统,做毛主席的好学生"。

---

①湖南省长沙师范学校编:《徐特立文集》,长沙:湖南人民出版社,1980年版,第622页。
②谷斯涌:《革命老爷爷徐特立》,北京:中国少年儿童出版社,1980年版,第94页。

师德楷模徐特立

1963年5月17日,湖南省幼儿师范学校(长沙师范学院前身)建校50周年时,徐特立特题词两幅,一幅是:"认真搞好幼儿教育是共产主义事业中最光荣的任务";另一幅为:"高举毛泽东思想红旗,以雷锋事迹做榜样,为培养又红又专的幼儿教育工作者而奋斗"。徐特立还给学校师生写了一封热情洋溢的祝贺信:

  湖南省幼儿师范学校校庆五十周年筹委会:五月七日来信已收到。欣闻你校订于一九六三年六月一日举行建校五十周年庆祝大会,嘱我为你们的校庆题字写文章。在社会主义制度鼓舞下,我虽已八十七岁,精神身体倒还健康;但记忆衰退,写文章很难得体。为了不负你们热情来信和尊重你们的事业,特地写了这份回信,以表祝贺。幼儿教育是社会主义建设事业中一项极其重要的工作,幼儿本性是很纯洁的,而他们的习惯好坏是在成长过程中所接触的环境逐渐模仿形成的。昔日"孟母择邻"就是给孩子选择好的邻居做榜样。幼儿教育是教好后一代的基础的基础,它关系到进入青少年时期德育、智育、体育的健康发展。所以说幼儿教育是一项重要的工作,是非常细致耐心的工作;也是一项极其光荣的工作。做好这项工作,首先是要求搞幼儿教育工作的同志自身要有高尚的共产主义道德修养,热爱自己的专业,专心致志,钻研业务,对培养幼儿具有高度的责任感。我对幼儿工作不在行,没有什么新见解。不当之处请指正。最后希望你们高举毛泽东思想红旗,以雷锋事迹做榜样,为培养又红又专的幼儿教育工作者而奋斗!此复,并祝全校的同志们身体健康! ①

1963年12月,徐特立为五美学校建校50周年题写校名并题词:"勤俭办校,继承和发扬革命光荣传统,为培养具有社会主义觉悟有文化的劳动者而奋斗。"不久,徐特立再次为五美学校题词:"大家努力教育后一代,培养德才兼备的接班人,继承和发扬我党艰苦奋斗的优良传统,高举毛泽东思想红旗,将革命进行到底。"

1958年6月22日,徐特立在回复上海第一师范学校历史专修科二年级四班全体学生的信中提出,希望青年人"大胆地发挥创造性和坚持性,做一个红透专深的教育工作者"②。

---

  ①湖南省长沙师范学校编:《徐特立文集》,长沙:湖南人民出版社,1980年版,第626页。
  ②武衡、谈天明、戴永增主编:《徐特立文存》(第四卷),广州:广东教育出版社,1995年版,第416页。

第三章 "独辟名山业,慈祥号外婆"

1958年2月11日,徐特立嘱咐秘书徐乾给上海第六师范学校师生复函,自己则亲自用毛笔为学校题写校名"上海市第六师范学校"。在题词纸的右边和下面,徐特立还特地用铅笔写了说明。右边是:"制版或制证章,可以随意缩小或放大。"下面写的是:"我老眼已花,不能写小字,只能写如此大小。"3月,徐特立亲笔题写的校名正式挂牌。1963年上海六师迁北,学校再一次请徐特立题词,不久收到徐特立第二次为"上海市第六师范学校"亲笔题写的校名。①

1962年12月4日,徐特立函复湖南第一师范李济源老师及170班全体学生,在信中勉励师生:"很好的总结几个基本经验并在这基础上继续巩固提高,取得更大的进步。"②

1963年7月3日的《新清华》报刊登了徐特立写给清华大学工程力学数学系毕业生的一封长信。徐老在信中说:有的青年甚至把艰苦奋斗当作历史上的一个名词来理解,忽视了它的现实意义和长远意义,这是错误的。虽然你们在前进的道路上免不了会碰些钉子,受一些挫折,但这是好事,而不是坏事。碰了钉子才会老练起来,受了些挫折才会坚强起来。③

总之,徐特立的心始终牵挂着新中国的亿万青少年,无论视察学校、接见青年学生,或是撰文、题词、写信,他始终表达着自己对祖国未来的希望。1966年,徐特立最后一次回湖南时,特地在长沙师范、湖南第一师范、五美中学等学校种下了蜜橘、白玉兰等树,表达他的殷切期望,希望青年学生健康、茁壮成长。

---

①徐禹强、徐文浩主编:《万世师表徐特立》,北京:中国档案出版社,1998年版,第953—954页。
②武衡、谈天明、戴永增主编:《徐特立文存》(第四卷),广州:广东教育出版社,1995年版,第437页。
③武衡、谈天明、戴永增主编:《徐特立文存》(第五卷),广州:广东教育出版社,1995年版,第382—385页。

1937年1月毛泽东祝徐特立六十寿辰的贺信

第四章

"既要做经师,又要做人师"

——教书育才的典范

1938年徐特立为进步青年王汉秋题词:
"有关家国书常读,无益身心事莫为"

师德楷模徐特立

自古以来,作为一个好教师,就必须做到"学高为师,德高为范"。唯有"学高",才能为学生"传道授业解惑";唯有"德高",才能以身示范,行不言之教。孔子说过:"其身正,不令而行;其身不正,虽令不从。"

徐特立被称为"当今一圣人""万世师表",一生从事教育事业长达70多年,他不仅"学高",有着丰富渊博的知识,什么课都能教,什么课都教得好,更且"德高",令人敬重;他不仅提出了许多宝贵的教育思想,还坚持"身教主义",处处做学生之表率,教导学生学会做人。他明确指出:"教师是有两种人格的,一种是'经师',一种是'人师'。""我们的教学是要采取人师和经师二者合一的,每个教科学知识的人,他就是一个模范人物,同时也是一个有学问的人。"[1]他自己一辈子践行着既要做经师又要做人师的诺言,是名副其实的教书育才的典范。

---

[1] 武衡、谈天明、戴永增主编:《徐特立文存》(第二卷),广州:广东教育出版社,1995年版,第248页。

第四章 "既要做经师，又要做人师"

第一节 "三育并重，以德为先"

> 德育者，涵养儿童德性，指导道德实践之教科也。盖小学校所授各科，莫不有关于德育，然各科均有特定之目的，对于德育可谓有间接之关系。唯修身科则直接以陶冶性操、育成品性为目的，是即修身科之特色，亦所以居诸教科之首也。
>
> ——徐特立
>
> 一般教育问题，总是把伦理教育提到第一位。
>
> ——徐特立

1943年6月，徐特立在《参观中直军直生产展览会的意见》一文中指出："该展览会是延安党中央和军委直属机关一部分。除实验工厂、美坚等公营工厂与农场菜园正式生产机关外，其余均系工作人员公余附带生产的成绩。即用脑之后接着用体力以恢复脑的疲劳所得的产物。此种生产方法不但直接改变了物质生活，同时也改变了单纯智力生活的单调性，使精神愉快。"并认为"人类的发育包含着德育、智育和体育三方面"[①]，这"三育"之中，又"以德为先"。他说："一般教育问题，总是把伦理教育提到第一位，伦理关系就是社会关系。"[②] 简而言之，"三育并重，以德为先"是徐特立一贯倡导的基本教育思想，是他一生作为教书育才典范的根本体现。

一、修身"居诸教科之首"

修身之所以应"居诸教科之首"[③]，因为修身是德育的首要问题，它制约着整个思想政治教育活动的全过程，规范着学校人才培养的品质与规格。事实上，

[①] 武衡、谈天明、戴永增主编：《徐特立文存》（第二卷），广州：广东教育出版社，1995年版，第277—278页。

[②] 武衡、谈天明、戴永增主编：《徐特立文存》（第三卷），广州：广东教育出版社，1995年版，第136页。

[③] 武衡、谈天明、戴永增主编：《徐特立文存》（第二卷），广州：广东教育出版社，1995年版，第154页。

不同社会、不同时代的政治、经济、文化,对人们的思想政治规范要求是不同的。

徐特立生活的岁月跨度较大,在不同的历史时期和不同的背景下,他从不同的角度对修身问题有过不少的论述与提法。最早的述说,可以追溯到20世纪初,他在《小学各科教授法》一书中,明确提出:"德育者,涵养儿童德性,指导道德实践之教科也。盖小学校所授各科,莫不有关于德育,然各科均有特定之目的,对于德育可谓有间接之关系。惟修身科则直接以陶冶性操、育成品性为目的,是即修身科之特色,亦所以居诸教科之首也。小学校之修身,应择道德中之极卑近、极切实而足以使儿童实践者授之,决非与以高尚之伦理知识也。何则?国民教育上道德实践教育之目的,不在授以高尚之伦理,深远之道德,乃在与使知卑近而切实之人道要义,为诚实忠良之国民,以进于社会道德之生活者也。"①"修身科涵养生徒德性,指导道德实践为要旨。"②所以,"修身一科,必备下列涵养德性之条件,乃不失本科性质:一、养成识别善恶之知识,授以行为之标准,及运用原理原则以判断道德。二、养成好善恶恶之感情,与以道德生活上之趣味。三、养成从善去恶之意志,方法、知识之收得及诸作法之修炼。"③还具体阐析了小学各年级修身科教材编写原则与教授方法。

20世纪20年代,徐特立在中央苏区任中华苏维埃共和国临时中央政府教育人民委员部副部长、代部长时,制定签发的《小学教育制度》文告中明确提出:思想政治教育"要同革命战争的各个方面——儿童的实际生活相联系,对儿童进行共产主义的道德教育,培养儿童的自动能力和创造性。……还应当从根本上训育儿童,读书讲解和实际行动要有密切的联系"④。因而,要从小学二年级起开设政治课。抗日战争爆发后,针对日军的奴化教育,他坚决要求消灭一切教育上的麻醉剂,使人民从民族解放斗争中觉悟起来,尤其是要有对于政治的了解和自己的解放、社会的解放及民族解放的觉悟。为达此目的,徐特立认为应把10岁以上的儿童组织起来加以教育,使人人都懂得抗战,同时还要加强对伤兵和干部的教

---

①武衡、谈天明、戴永增主编:《徐特立文存》(第一卷),广州:广东教育出版社,1995年版,第154页。
②武衡、谈天明、戴永增主编:《徐特立文存》(第一卷),广州:广东教育出版社,1995年版,第229页。
③武衡、谈天明、戴永增主编:《徐特立文存》(第一卷),广州:广东教育出版社,1995年版,第229页。
④赣南师范学院、江西教育科学研究所编:《江西苏区教育资料汇编》(第五册),第15页。

育。他说:"目前有大批的伤兵需要进行教育工作、组织工作,提高他们的政治文化水平,解决他们身体上的情绪上的各种痛苦,消灭终日赌钱的现象,消灭在街上破坏纪律的现象,使从今以后再不发现抢东西的伤兵,再不发生枪毙伤兵的事情。把伤兵改造为军人的模范和群众的模范,这是我们长期抗战中的第一等工作。这种工作需要有高度的爱国热情、有坚决的意志、有丰富的军事政治知识的积极干部领导广大的群众去做。这种工作在长期抗战中应该是专门工作,有专门干部负责。训练干部,应该列为专门一科。"①可见,徐特立是把修身与思想教育、政治教育、心理教育、道德教育同无产阶级革命事业和民族解放斗争紧密联系在一起的。

中华人民共和国成立前夕及成立初期,正是急需加强思想政治教育的时候,徐特立就此问题发表了一系列文章、批语和讲话,给予系统而深入的论述。1946年秋,在一次讲述伦理道德问题时,徐特立指出:"一般教育问题,总是把伦理教育提到第一位。"②并指出:"经济是道德的基础,道德伦理是社会关系,社会关系建立在生产关系上。当时社会合理的社会关系就是道德,当时合理的行为、习惯就成为当时的规范。因而,在人类东西方的阶级社会时代,任何时期的道德既是训人又是律己,这是道德的基本问题。"③他还谈道:"道德、能力、思想都是政治教育,在学校要放在第一位。学校要讲道德和能力。"④认为在引导重视道德修养的同时,要注意发挥他们的智能,日后才有立足社会的本领。并且,他还科学地阐述了道德与政治、法律的联系与区别:道德是一种社会意识形态,就是要有一种高度的热情,这是跟政治不同的地方。这种意识形态,还不等于政治法律,但政治结合上情感,结合以道德,就使政治更有生命;道德主要是从思想感情上表现。以上阐析,理清了马克思主义道德学说的基本观点,指明了修身在诸教科中的重要性,明确提出以德育为首。徐特立说:"马克思认为是社会决定人的本质,不是自然决定人的本质是完全正确的。同时我们并不抹杀个性,集体帮助中,个人也要负责,其直接的方法是批评与自我批评,来一个内外夹攻;间接的是文化经济建设,社会制度建设,最后才能消灭阶级社会的残余思想。但这种要求今天

---

① 武衡、谈天明、戴永增主编:《徐特立文存》(第二卷),广州:广东教育出版社,1995年版,第62页。
② 武衡、谈天明、戴永增主编:《徐特立文存》(第三卷),广州:广东教育出版社,1995年版,第136页。
③ 武衡、谈天明、戴永增主编:《徐特立文存》(第三卷),广州:广东教育出版社,1995年版,第124页。
④ 吉多智、李国光、戴永增编:《徐特立教育学》,广州:广东人民出版社,1990年版,第89页。

还不是现实的,那是我们最高纲领时代的任务,今天不要有这个超阶段的幻想,不要用超阶段的急躁方法去改造社会思想。因为我们注意到这一点,我们写这一篇关于公德的文章,就特别注意到根据中国社会发展的阶段,把道德加以历史的说明,但我们并不是说在一定的条件下,就不争取思想上迅速地改造,争取条件也是必要的,我们不是客观主义者,所以,我们要反对急躁的左倾和反对坐待的右倾。主观主义和客观主义同样是错误的。"①

事实上,徐特立不仅思想观念上深知修身"居诸教科之首",而且在行动上具有不居功、不为名、虚怀若谷的自谦品质,不谋私、不图利、艰苦奋斗的廉洁品行,不争权、不要官、甘当伯乐的博大情怀,不唯书、不唯上、坚持真理的务实态度,不结帮、不拉派、光明正大的磊落作风等,这些正是徐特立赢得"当今一圣人"美誉的内在人格根据,也是他获得事业成功、成为"人民之光,我党之荣"的外在魅力所在。②诚如周世钊所言:徐特立"那种革命第一、工作第一、他人第一的崇高品质,他那种好学不厌、诲人不倦,为革命的教育事业贡献出毕生力量的伟大精神,他那种勤勤恳恳、艰苦朴素、穷且益坚、老而弥劲,为了革命和教育,敢于和一切黑暗势力与艰危环境奋斗到底的英雄豪迈气概,都永远是我们全国人民,特别是一切教育工作者的伟大师表与光辉典范"③。曹瑛赋诗称道:"平凡伟大马列真,一代师表启后昆。道德文章垂万世,堪称革命一完人。"④应该说,这方面的例子很多。这里仅举"独辟名山业,慈祥号外婆"的徐特立关爱学生的事迹,足见徐特立是教书育人的典范。

作为一代杰出的人民教育家,徐特立对学生的关爱有口皆碑,尤其让学生感受到徐特立亲人般的温暖。据说,稻田师范的学生为徐特立起了这样一个徽号,叫作"徐家外婆",甚至当着他人的面也这样称呼他。其实,这个称谓是有由来的。因为徐特立对学生生活的关怀是无微不至的:天气变冷变热叫他们加减衣服;经常在一起吃饭,关心他们的饥饱;寝室挡风的窗子没有关好,学生的被子没有盖好,徐特立查寝时,一定会叫人帮他们关好、盖好。过去,稻田师范的校长多是女的,但学生都很难见校长的面,更不敢进校长的房。徐特立则常常叫学生到校长室谈话。学生觉得他慈祥亲切,像自己的外婆,因而,"外婆"或"徐家外

---

① 戴永增、肖传京、郭建平编:《徐特立教育论语》,北京:人民教育出版社,1999年版,第250页。
② 吴克明:《徐特立的体育观及其方法论探析》,《特立学刊》2012年第4期。
③ 湖南省长沙师范学校编:《怀念徐特立同志》,长沙:湖南人民出版社,1979年版,第142页。
④ 湖南省长沙师范学校编:《怀念徐特立同志》,长沙:湖南人民出版社,1979年版,第218页。

婆"的名号就这样在全校叫开了。①

二、温柔敦厚兴诗教

徐特立认为:"立德树人"、以德为先,而"德性之涵养,非仅以知识之传授为已足,又必须陶冶其情操。详言之,即必须有丰富之知识,使发动其善良之情操也;而欲发动其情操,则判断及感情之涵养亦为必要。修身教授,固宜注意于道德之判断,感情之涵养,而又须起其躬行实践之意志,兼此知、情、意之三方面,而确立其道德之品性,实修身科教授之目的也"②。

他的学生周世钊回忆:"徐特立对学生进行修身教育,特别重视以身作则,又特别重视循循善诱。他常对训育员讲,教育学生不应该用强制的办法,更不应该有粗暴的态度,中国古代温柔敦厚的诗教,今天还用得着。""他在学生经常通过的走廊上挂上一块大黑板,发现学生的优点和缺点,就写成一首或几首明白浅显的诗进行表扬和批评。"③而且他差不多每天写,每事写,写"黑板诗"成了他从不间歇的工作,也是他对学生进行思想政治教育的重要手段。

据统计,1925年至1927年,徐特立担任湖南省立第一女子师范学校(俗称"稻田师范")校长期间,他决定实施温柔敦厚的诗教。针对学生思想行为的优缺点,他写出"黑板诗"百余首,用以教育和影响学生。这百余首诗辑录为《校中百咏》,生动地反映了徐特立温柔敦厚兴诗教的人文精神,鲜明地彰显了他对年轻一代的真诚爱护和真切关怀。

> 早起亲书数十行,
> 格言科学及词章。
> 为使诸生一浏览,
> 移来黑板挂前廊。

---

① 湖南省长沙师范学校编:《怀念徐特立同志》,长沙:湖南人民出版社,1979年版,第152页。
② 武衡、谈天明、戴永增主编:《徐特立文存》(第一卷),广州:广东教育出版社,1995年版,第154页。
③ 湖南省长沙师范学校编:《怀念徐特立同志》,长沙:湖南人民出版社,1979年版,第152页。

师德楷模徐特立

徐特立在巡视厨房时,发现学生打破了一篮碗。事情起因是学生对学校伙食不满意,于是跑到厨房摔碗闹事。徐特立写诗相劝、委婉批评:

> 我愿诸生青出蓝,
> 人财物力莫摧残。
> 昨宵到底缘何事?
> 打破厨房碗一篮。

为了节省学校开支,徐特立经常将别的老师用过后丢掉的粉笔头捡起来,留着自己上课用,有些学生不理解,笑他太算小账。徐特立马上写了这样一首"黑板诗":

> 半截粉笔尤爱惜,
> 公家物件总宜珍。
> 诸生不解余衷曲,
> 反谓余为算细人。

同时,他看到食堂不时有学生丢弃的饭菜,于是写诗劝告:

> 今年曾经遭旱灾,
> 莫将残饭等尘埃;
> 一棵蔬菜一粒米,
> 都自农民血汗来。

徐特立爱生如子,每晚都要亲自巡查寝室,但又担心惊醒学生,因而他每次都特别注意放轻、放缓脚步。可他发现不少学生一点都不注意,要么在寝室里说笑,要不一点都不注意脚步声,严重影响其他学生的休息。又有一次,他发现一名学生半夜躲在厕所里,借厕所灯光给爱人编毛线衣。于是,他写诗婉言规劝:

> 脚尖踏地缓缓行,
> 深恐眠人受我惊。
> 为何同学不相惜,
> 不出嘻声即足声。

第四章 "既要做经师,又要做人师"

> 昨夜已经三更天,
> 厕所偷光把衣编。
> 爱人要紧我同意,
> 不爱自己我着急。

十五班的学生纪律不够好,但学习认真。徐特立写诗鼓励:

> 教室交谈十五班,
> 维持秩序颇作难。
> 幸而天真兼勤学,
> 未见曾偷一刻闲。

有学生在吃过橘子、花生等零食后不讲卫生,将橘子皮、花生壳丢得满地都是。徐特立提出严肃批评:

> 花生橘子弃残余,
> 铺满阶前弗扫除。
> 学生本是人中秀,
> 习染还同未读书。

徐特立爱生如子,同学们都亲昵地叫他"外婆"。当时正就读该校的谢冰莹[①]回忆:"他真是一个了不起的教育家!他一来到,学校为之焕然一新;有些读死书的同学,都像春天的小鸟一般活泼起来了。我们都叫他做'外婆',因为他太爱我们,完全将我们当作自己的外孙一般看待。"[②]为此,徐特立自己也写了一首有趣的诗:

> 深恐同学失眠多,
> 更深寒夜自巡逻;

[①] 谢冰莹(1906—2000),女,湖南新化铎山镇(今属冷水江市)人。当代著名作家。曾就读于湖南省立第一女子师范学校、武汉中央军事政治学校。一生出版小说、散文、游记等著作达80余种、近400部、2000多万字。代表作《女兵自传》被译成英、日等十多种文字。

[②] 中国现代文学馆编:《谢冰莹代表作》,北京:华夏出版社,2009年版,第93页。

师德楷模徐特立

身品不是女儿像，
却听声声唤"外婆"。

第二节 刻苦钻研，精通业务

> 做教育工作的人，一般总是先进分子，他们继承了民族的文化遗产和经验，他们是受尊敬的人。我希望你们一生都做教师，再也不想别的。想成为专家，只能钻研一门科学，我希望你们钻研教育科学。
>
> ——徐特立
>
> 学习不能只学课本，把知识在实践中运用起来，才能丰富它。你们如果在教育科学中能解决实践问题，有创造，就是专家了。钻研科学不容易，要用心才行。没有条件，就自己创造条件，有了小创造才能有大创造。
>
> ——徐特立
>
> 我小时候只读过几年私塾，我的一点知识都是从半工半读、边教边学中得来的。
>
> ——徐特立
>
> 徐老的知识非常渊博，既是教育家，又是自然科学家……他对教育科学、历史科学、哲学和自然科学方面的一些问题，都进行深入的研究，并提出过许多独到的见解，给我们留下了一笔很宝贵的财富，很值得我们认真学习，深入研究。
>
> ——董纯才

诚如中共中央在徐特立的悼词中所说：徐特立"又红又专，知识渊博，通晓哲学、社会科学和自然科学；他懂得很多，却时刻以为不足，做到了活到老，做到老，学到老，革命到老；言传身教，教育了几代青年，桃李满天下，不愧为人民师表"[1]。徐特立自己也说："做教育工作的人，一般总是先进分子，他们继承了民族的文化遗产和经验，他们是受尊敬的人。我希望你们一生都做教师，再也不想别

---

[1] 湖南省长沙师范学校编：《徐特立传》，长沙：湖南人民出版社，1984年版，第207页。

的。想成为专家,只能钻研一门科学,我希望你们钻研教育科学。学习不能只学课本,把知识在实践中运用起来,才能丰富它。你们如果在教育科学中能解决实践问题,有创造,就是专家了。钻研科学不容易,要用心才行。没有条件,就自己创造条件,有了小创造才能有大创造。我希望你们树立起这个革命的人生观。"[1]徐特立是这样说的,也是这样做的。他出身贫苦,却一生刻苦钻研,克服重重困难,终成一代精通业务的无产阶级教育家。

一、知识广博,什么课都能教

作为杰出的无产阶级教育家,徐特立的一生也是边教边学的一生。他说:"学问是没有止境的","要边做边学,做到老学到老。我小时候只读过几年私塾,我的一点知识都是从半工半读、边教边学中得来的"。[2]通过这种"半工半读、边教边学",徐特立日积月累,年复一年,最终达到知识广博、什么课都能教的程度。据记载,1906年春,他受聘来长沙周氏女塾任教。"他在女塾任国文教员;由于教师不够,他还兼教地理、历史、数学、化学等课。他知识渊博,教学又极认真负责,深受学生欢迎,有的学校慕名而来请他兼课。因此,他还先后在修业、明德、长郡等学校任教。"[3]

在学校里遇到别的教员缺课时,徐特立生怕耽误了学生的学习光阴,马上赶去亲自代教。他不但能教语文、数学、地理,还能教物理、化学、历史。当时,长沙一家报纸曾刊载这么一条新闻:"某校校长,年老博学,无论什么教员缺课他都去代。他什么课都能教,只有音乐不行,因为牙齿缺了,唱起歌来关不住风。"文中说的这位校长就是徐老。

徐特立之所以知识广博,达到什么课都能教的程度,这主要与他科学的学习态度和正确的学习方法有关。从徐特立科学的学习态度来看,主要有两点:一

---

[1] 武衡、谈天明、戴永增主编:《徐特立文存》(第五卷),广州:广东教育出版社,1995年版,第350—351页。

[2] 武衡、谈天明、戴永增主编:《徐特立文存》(第四卷),广州:广东教育出版社,1995年版,第407页。

[3] 湖南省长沙师范学校编:《徐特立传》,长沙:湖南人民出版社,1984年版,第20页。

是打破关门主义,反对骄傲自满,放下姿态去虚心学习。他说:"打破学术上的关门主义","虚心学习朋友的东西,应该是我们学习的基本态度"①,认为"反对骄傲自满的作风,是学习的第一等任务"。"孔子是两千多年以来封建社会最有权威的学者,他自己的学派是儒家,他却向道家老子学礼。马克思是无产阶级的学者,他却吸收了资本主义社会以前的一切人类知识的遗产。""无论古今中外的伟大人物,他们的先生朋友以及当时的一切书籍,当时的社会思想,都要比他们所要求的要落后,比他们所认识的要粗浅。但是,他们虽然严格地加以批评,加以革命,然而从来不存在鄙视和唾弃的态度,而是加以细心分析,尊重他们以前的一切人类知识的遗产,尊重过去和同时代的一切著述。""应该知道,无论是医药卜筮之书,宗教经典和劝世文,虽然没有科学意义,却有历史意义,何况是资产阶级的学者及资产阶级社会的一切中间阶层,虽然他们的学说不免有唯心主义、机械论及其他反动的成分,但还有许多可贵的东西,尤其是自然科学和技术方面,我们需要特别尊重他们。""我们需要虚心学习和深刻地研究","真能这样学习,就无论读何种书籍,就会发现自己从来所未见的东西"。他列举了宋朝的苏轼,他经常读已经读过的旧书,曾有两句写读书经验的诗:"旧书不厌百回读,熟读深思子自知。"二是理论联系实际,边做边学,批判继承古今中外的文化遗产。徐特立认为,理论是由经验升华的,又是指导实践的,学习理论是为了实践。他说:"我们反对教条主义是要靠理论与实践的结合,为实践而学理论,即业务学习,即有的放矢。"②"我小时候只读过几年私塾,我的一点知识都是从半工半读、边教边学中得来的。"③徐特立对古今中外的文化遗产非常重视,指出:"我们古代的也要,现代的也要,外国的也要,中国的也要。"但是,"对于外国文化,应当尽量吸收进步的文化,作为中国文化运动的借鉴(有计划地翻译苏联及资本主义国家关于教育制度、教育方法及课本等,以做参考)。应当以中国人民的实际需要为基础,批判地吸收","对于中国古代文化,同样,既不是一概排斥,又不是盲目服从,而是批判地接受它"④。

---

① 武衡、谈天明、戴永增主编:《徐特立文存》(第二卷),广州:广东教育出版社,1995年版,第213—214页。
② 武衡、谈天明、戴永增主编:《徐特立文存》(第二卷),广州:广东教育出版社,1995年版,第226页。
③ 武衡、谈天明、戴永增主编:《徐特立文存》(第四卷),广州:广东教育出版社,1995年版,第407页。
④ 武衡、谈天明、戴永增主编:《徐特立文存》(第三卷),广州:广东教育出版社,1995年版,第310页。

从徐特立正确的学习方法来看,主要是三点:一是学习要有时代性,要抓住基本的知识。为此,他很早就确立了明确的学习目的,紧紧围绕无产阶级的教育事业和终身恪守的教师职业而学习,并广泛涉猎了经、史、子、集等古代书籍以及当时从国外传进的一些自然科学和社会科学知识,掌握了国文、数学、物理、化学、历史、地理等课程的基础知识,又到莫斯科系统地学习了马克思列宁主义,为从事教育工作打下了坚实基础。强调学习要抓住基本知识,不能好高骛远,因为基本知识是往后继续学习提高的一块坚实的奠基石。二是学习要有目的、方法和立场以及长期的计划。徐特立认为,所谓方法和立场,就是马克思主义的方法和无产阶级的立场,即将学习的内容用马克思主义方法予以批判继承,站在无产阶级立场上,运用辩证唯物主义和历史唯物论观点,进行由博返约的学习,吸收人类一切文明成果作为学习材料,否则收不到预期的效果。三是学习要有一定的中心对象,要抓住要领,要有批评的、革命的和实践的精神。徐特立说:"绩学之士,读书必有劄记,以记所得著所疑。记所得则要领明矣,著所疑则启他日读书参延之途矣。"他的名言是"不动笔墨不读书",并在自己读过的书上作了50多万字的读书眉批。徐特立指出,学习关键在于一个"变"字,"变"就是批判地接收,不变就是搬,便是教条主义,强调对于古人的学术遗产及对于自己过去的著述,都要把它当历史来看,并加以批判地重新审查,这样才能使自己不断学习进步。

从徐特立的知识来看,他的社会科学知识、自然科学知识都很渊博。他在社会科学方面的造诣当以教育科学最为耀眼,是一个建树非凡的教育学者。当然,徐特立远不止是教育学者,他还兼顾了其他诸多方面。例如,研究中国语言学,对其中的文字学方面最权威著作——许慎的《说文解字》的研究,非一般文字学家能够相比;他和著名语言文字学家黎锦熙探讨汉语语法和修辞;与历史学界泰斗翦伯赞、陈述深入研讨《辽史补注》《金史氏族表初稿》,提出了相当深刻的见解;中华人民共和国成立之初,他和著名历史学家范文澜一道,领导一批史学工作者及中央宣传部、中央党校的干部,从事中国通史、中国革命史和党史及其资料的编纂工作,并亲自主编卷帙浩繁的《中国通史资料选编》。1951年,中国史学会成立,徐特立被推选为名誉会长。另外,他钻研《米丘林学说》,曾按照米丘林的学说亲自做过成功的试验,等等。众多的自然科学家认为徐特立是一位了不起的自然科学学者。所以,在中华人民共和国成立之初他被中国地理学会尊奉为名誉会长。董纯才作为一个著作等身的自然科学科普学家和科普理论家,他对徐特立的评价是:"徐老的知识非常渊博,既是教育家,又是自然科学家。"①"他对教育科学、历史科学、哲学和自然科学方面的一些问题,都进行深入的研究,并提出过许多独到的见解,给我们留下了一笔很宝贵的财富,很值得我们认真学习,深入研究。"我国著名自然科学家夏光韦说:当年在延安自然科学院,"老教育家徐特立任院长,我是院里的青年教师,有机会亲聆他的教诲……有时讲社会科学,有时讲自然科学,大家鸦雀无声地听着。他讲话的特点,不是背诵马列主义的词句,而是依据马列主义和自然科学的原理原则,结合实际,深入浅出,用通俗的评议表达出来,还常常举些很有趣的例子,使大家印象很深,很受启发。他的话常常一针见血,画龙点睛,我们最喜欢听他的讲话"②。由此可以看出,徐特立对自然科学知识烂熟于心,所以讲起自然科学理论来便能够左右逢源,举例子也能手到擒来。

二、勤于探索,不断钻研

李木庵《祝徐特立老师秩寿庆》诗中写道:"日惟新知沃后进,党中英杰列墙墉。潜心学究天人际,理论多获实践中。船山气节无其识,亭林议论无其功。文章道德兼寿考,国祥人瑞老英雄。他日从公湘水上,岳麓山头唱大风。"③教育家董纯才回忆,徐特立勤奋学习,边工作边学习,数十年如一日。熟悉他生平的同志娓娓动听地叙述:徐特立幼年家贫失学后,通过自学,涉猎了经、史、子、集,而尤爱好自然科学,学会了代数、几何、物理、化学等科的基本知识,43岁还甘愿做"扶拐棍的老学生",毅然到法国留学,一面做工,一面学习,坚持勤工俭学。1930年,徐特立到江西中央苏区以后,也未放松自己的学习。苏区缺少书报,一本《共产党宣言》他读了又读,以至数遍。长征路上,他的个人生活用品极简单,马鞯子里却装着喜爱的书籍、苏区编写的教材和教育资料。④徐特立这种勤于探索、不断钻研的精神,是很感人的。

---

① 徐禹强、徐文浩主编:《万世师表徐特立》,北京:中国档案出版社,1998年版,第110页。
② 徐禹强、徐文浩主编:《万世师表徐特立》,北京:中国档案出版社,1998年版,第199页。
③ 湖南省长沙师范学校编:《怀念徐特立同志》,长沙:湖南人民出版社,1979年版,第213页。
④ 湖南省长沙师范学校编:《怀念徐特立同志》,长沙:湖南人民出版社,1979年版,第39页。

师德楷模徐特立

徐特立早年曾制定过"十年破产读书"计划,结果只执行到第八年(1905年)即28岁时,家里经济就濒于破产了。但从实际学习效果看,他觉得这一计划胜利了。他后来回忆说:"我从20岁到30岁时,前面摆着习科举和求学问的歧途,又摆着或破产购书,或守财不学这两个歧途,要我选择。我终于抉择了其中之一,结果证明做对了。"①概括徐特立破产读书之所以能获得成功,达到其预期的目标,原因有三:

一是目的明确,勤于探索,不断钻研,有一股不达目的不罢休的探索精神。例如,在读《书经》读到"期三百又六旬又六日成为一年",注中说:"三百六十五日又四分日之一为一年。""四分日之一"是怎么回事?徐特立解不下,向一些有名的先生去问,却回答说不知道,有的回答说:"好读书,不求甚解。"所以只好自己去找参考书,费了很大气力,最后好不容易才找到了答案。其实,当时徐特立除了教书,为了养家糊口还得从事一些田间劳动,剩下来的时间才能进行学习,所以只能在"得闲多余"的时候读书。他认为这方面自己应当效法古人,《三国志·王肃传》就有"读书当以三余"的记录。他说:"我19岁就教蒙馆,差不多教了40年书。这中间总是替学生做事,自己读书要到晚上八九点钟以后,每日只读两三点钟的书。平日走路,同晚上睡醒了天没有明的时候,就读书。口袋里常带一本解表。我的代数、几何、三角都是走路时看表解学的。心理学、论理学都是选出中间的术语,抄成小本子,放在口袋中熟读。""我学《说文》,不晓得写篆字,晚上睡不着及走路时用手指在手掌中写来写去。"②

二是讲究学习方法,多抄多记。一是不要好高骛远、贪多求快,而应定量有恒。如读《说文》部首540字,徐特立计划用一年时间读完,规定每日只学两三个字,结果达到了能熟练背诵的程度。他说:"我在中学教学生学《说文》部首,要他们每日课余记一字。两年学完,他们偏要星期六、日同时学六个字,我要他们背写,多半不能写出,正是不按一定分量不能保持经常学习之害。"③二要"不动笔墨不读书"。徐特立在读书时,总是在要紧处画线,以便记忆和强调,有时选出重要的句子用本子抄。④三要借书"抄读"。徐特立在读书时,有些书是从别处借来而抄

---

① 武衡、谈天明、戴永增主编:《徐特立文存》(第五卷),广州:广东教育出版社,1995年版,第337页。
② 武衡、谈天明、戴永增主编:《徐特立文存》(第四卷),广州:广东教育出版社,1995年版,第359—360页。
③ 武衡、谈天明、戴永增主编:《徐特立文存》(第四卷),广州:广东教育出版社,1995年版,第359页。
④ 武衡、谈天明、戴永增主编:《徐特立文存》(第四卷),广州:广东教育出版社,1995年版,第359页。

读的,他说"因为是节抄",于是便对该书有了一个较深刻的掌握,从而悟出一条心得:"买书不如借书,借书不如抄书,全抄不如摘抄。"①

三是量力而行,坚忍不拔。徐特立认为,凡是符合自身实际情况的学习计划,一旦制定,则绝不半途而废,也不因暂时的小利而妨碍永久的前途,并能在极端困难的环境和条件下坚持自学,不断钻研,完成制订的学习规划,达到自己追求的学习目标。②

三、教育思想,博大精深

徐特立曾说:"我的职业和事业:一生都是教书。"③他"十九岁开始教书,由从事平民教育,发展到从事无产阶级教育,七十年如一日,兢兢业业,勤勤恳恳,献出了毕生的精力和全部智慧,做出了卓越的贡献。"④在长期教育实践的基础上,徐特立积累了丰富的教育思想,创立了比较完整的教育理论体系,就教育的本质、德育、基础教育、师范教育、高等教育、教师、课程和教材等众多方面均进行过精辟的论述。他的著作,现已汇编为《徐特立教育文集》《徐特立文集》,以及《徐特立文存》(共五卷)等,流传于世。

(一)论教育的本质

徐特立认为,教育的本质是教育学研究的基本理论问题。早在1940年,徐特立就与戴伯韬就教育的本质等问题作过详谈。1946年,他又与身边同志谈过三次。1949年底,他专门撰写了《教育的基本问题》《教育是什么》等文章,对教育的本质、作用等作了系统的论述。徐特立从社会发展的角度出发,认为人根据社会的需要,有计划地、有组织地把人类的知识、技能、艺术及各种建设运动、社会运动等的生产和斗争的经验传授给后一代,就是教育。

---

① 武衡、谈天明、戴永增主编:《徐特立文存》(第三卷),广州:广东教育出版社,1995年版,第222—223页。
② 武衡、谈天明、戴永增主编:《徐特立文存》(第五卷),广州:广东教育出版社,1995年版,第440页。
③ 武衡、谈天明、戴永增主编:《徐特立文存》(第一卷),广州:广东教育出版社,1995年版,第142页。
④ 湖南省长沙师范学校编:《徐特立传》,长沙:湖南人民出版社,1984年版,第206页。

(二)论德育

徐特立一贯重视德育。他认为,一般教育问题,总是把伦理教育提到第一位,伦理关系就是社会关系。在《小学各科教授法》中,他强调修身科应该"居诸教科之首"。在他看来,教育必须始终坚持把德育放在首位,首先解决怎样做人的问题。为了让德育收到实效,徐特立坚持做"身教主义者"。他认为以身示范,以为儿童之表率,最为重要,此在初学年尤然。故教师当自慎其言行而以身作则。他在教育中坚持躬身实践,成为全体教师和学生的楷模。

(三)论基础教育

徐特立一生在领导和从事教育实践的过程中,把大部分时间和精力放在基础教育上,并对包括中小学教育、幼儿教育在内的基础教育有过许多精辟的论述。他认为小学教育是一切教育的基础,基础不稳固,上面就建筑不起来。基础教育不办好,高级的人才也是难以培养好的。1963年,他为长沙师范学校题词:"认真搞好幼儿教育是共产主义事业中最光荣的任务。"徐特立主张:基础教育最重要的是教学生做人,学习做人最基本的最普通的知识和道理。

(四)论师范教育

在一生的教育实践中,徐特立曾长期从事师范教育工作。1927年以前,徐特立在长沙先后创办男女两所师范,开办各种师训班,而且于辛亥革命之后长期从事师范教育,包括男师、女师和中师、高师,并撰写出版了《教育学》《小学各科教授法》《初等小学国文教授法》等师范教育专著。

1930年底,徐特立从苏联回国,赶赴中央苏区,为全面开展苏维埃教育,他先行开办短期师训班和简易师范,以培养急需的师资,后来又相继创办了闽瑞师范和中央列宁师范。1935年10月,徐特立随中央红军,经二万五千里长征后到达陕北,于1936年1月即举办小学教师寒假培训班,同年8月创办扫盲师范(后改称"鲁迅师范")。中华人民共和国成立后,发展社会主义教育事业需要大批有德有才的优秀教师,徐特立又号召大办师范。直到1968年辞世,他始终关注师范教育的建设和发展。关于师范学校的教学内容,徐特立一直坚持德智体"三育并重",力争使培养出来的学生"身心并完"。一是要培养学生优秀的思想品质。徐特立认为,学师范,做人民教师的人,他的思想品质的好坏格外重要。二是要培养学生良好的身体。徐特立认为:生徒入师范者其身体不可不康健,所以要求健康之生徒者,因为教师不可不康健。只有"三育并重",师范学校才能培养出社会需要的优秀教师。

(五)论高等教育

徐特立早在延安自然科学院办学过程中就形成了教育、科研、经济"三位一体"的高等教育理念。他非常注重科学研究、人才培养和经济建设三个方面的相互沟通,促进科学研究、科技人才培养与边区生产建设的结合。徐特立认为,一切科学都是建立在产业发展的基础上的,科学替生产服务,同时又帮助科学正常地发展,技术直接与生产联系起来,技术才会有社会内容,才会成为生产方法和生产方式的一部分。徐特立20世纪40年代提出的这种高等教育与科学研究和生产相结合,尤其与经济结合为一体的教育思想,不仅是中国教育历史上的一个伟大创举,也是对世界教育的一个重要贡献。在徐特立提出"三位一体"的教育思想20年之后,世界名校美国斯坦福大学在20世纪60年代提出了以教学、科研、生产相结合的"硅谷"模式,引领了世界科技教育的新潮流。如今,这种"三位一体"的大学科技园区已遍布世界名校和国内一流大学周围。走出象牙塔,大学科研服务于经济建设、服务于社会,已成为当代大学的重要使命。

(六)论教师

徐特立认为,教师工作不仅是一个光荣重要的岗位,而且是一种崇高而愉快的事业;教师是真理的传播者,是灵魂的工程师,要负起改造人民脑力的责任。为此,徐特立强调,教师具有"经师"和"人师"两种人格。要求广大教师"要热爱自己的专业,专心致志,钻研业务",因为这是教师工作的基本要求。如果一个教师既不熟悉业务又不刻苦钻研,那就不能胜任教学工作,这样不仅会误人子弟,更重要的是会影响党和国家的事业。除了熟悉业务之外,一名合格的教师还应当钻研教育科学。鉴于教师在社会发展中的重要作用,徐特立认为教师应享有"三高"地位:职业崇高、社会地位高、物质待遇高。只有这样,全体教师才能安心工作,为社会主义教育事业做出更大的贡献。

(七)论课程、教材

徐特立认为,课程有三个方面的要求。一是开发课程的基本标准应适合当时社会的要求和受教育者个人年龄与学历的情况,以及时间不浪费、思想不混乱。二是组合课程的基本规律。基础课程按从日常生活常识到科学常识的顺序排列;学术性课程按从科学常识(合科)到学科(分科)的顺序排列;学科和术科伴着发展,互相转化,互相帮助……脑与手的亲密合作。反对只向一面发展,造成"半身不遂"、畸形发展的国民。三是实施课程的基本策略。一方面,课程标准必须是统一的。另一方面,不应把"课程神圣化",应在学校师生的共同实践中,批判现有的教科书,师生都成为课本的审查者和编辑者。徐特立重视教材建设,认为教材编写要达到四个方面要求:一是体现思想性和知识性的统一,把政治教育与文化基础知识教学紧密结合起来。二是精选普通必要的知识。三是"典、显、浅"。四是"去空、去杂、去孤"。"空",指没有事实的理论,或没有与理论结合又没有原则处理,与原则无关的事实;"杂",指没有联系的、无生命、非科学的东西;"孤",指单纯化的、没有历史的发展和环境的影响,没有来源去路的东西。

(八)论学习

徐特立一生坚持"活到老,学到老",真正做到了学而不厌。关于如何学习,徐特立提出了以下几点:一是学习要有目的。二是学习要有正确的方法态度。三是要持之以恒。四是要做到"三到":起首要眼到,次之为心到,再次为手到。这就是"接触→分析→创造";向别人学要有一个过程;学别人的东西也有一个过程:(一)吸收;(二)使用;(三)批判;(四)发展。这些思想、方法,是徐特立一生孜孜不倦学习和开展教育活动的经验总结。

徐特立的教育思想,表现出鲜明的特色:

一是实践性和时代性。徐特立一生留下100多万字的教育论述,坚称自己是一个教育的实际工作者。从徐特立的教育实践来看,他有着历史上其他教育家难以比拟的、丰富的教育经历和实践经验,这为他的教育思想的产生奠定了扎实、深厚的实践基础。他说:"我的言论的内容和材料,是革命的环境给予我的。同时我的分析方法也是革命的环境给我的。我自己是本来无一物,虽然不免有些过去的成见,但因环境不允许也大部分粉碎了。"[1]"我认为实践第一,书本第二"。[2]可见,徐特立教育思想是在实践中产生的,也是在实践中升华的。同时,徐特立教育思想在实践基础上又紧跟时代潮流,始终与中国社会发展同呼吸共命运,具有鲜明的时代性特色。正如他自己所说:"我的生活随着社会从人类被压迫向着解放走,从失败向着胜利走,一切生活都配合着中国革命的发展。随着复杂的激烈的社会变化,使我的生活成为多方面的、不固定的,但总是前进的。"[3]

---

[1] 武衡、谈天明、戴永增主编:《徐特立文存》(第二卷),广州:广东教育出版社,1995年版,第57页。

[2] 武衡、谈天明、戴永增主编:《徐特立文存》(第三卷),广州:广东教育出版社,1995年版,第332页。

[3] 武衡、谈天明、戴永增主编:《徐特立文存》(第一卷),广州:广东教育出版社,1995年版,第104页。

"教育学说与其他学说一样受着历史和一定的社会关系的限制,所以它具有严格的时代性。所谓教育家并不是特殊的个人,只是一定时代的社会代表,他的学说只是时代思潮表现在教育的一个侧面,所以教育学说不是一种抽象的一般的学说,而是具有历史意义的学说。"①这一点,他自己的教育思想也是如此。

二是民族性和大众性。徐特立从18岁开始从事教育工作,直至去世,长达73年,无论早年抱持"教育救国"理想还是入党后坚持为革命办教育,有一点是始终不变的,这就是为了中华民族的独立、自由和幸福。他始终坚持发展教育的目的是为了民族的解放、民族的振兴,不是为教育而教育。不仅如此,对于徐特立而言,着眼于教育的民族性、强调教育的民族性还有一个重要原因——一切西方先进的科学知识、技术技能、教育经验等只有实现"民族化"、具有"民族性",才能理论联系实际,真正发挥其作用。他认为:"科学是普遍真理,放之四海而皆准的东西。但如果不民族化,就不能具体化和行动化,就会变成'为科学而科学',就可能'缺乏民族性而不能替民族服务'。"②同时,徐特立开创了中国历史上第一次把工农劳苦大众及其子女作为教育对象,并从实际出发,加以实践的新纪元。面对腐朽黑暗的旧中国,面对贫困落后的苏区、边区和解放区,面对获得解放而要建设社会主义新中国所遇到的各种困难,徐特立认为必须发展平民的、大众的教育,依靠广大民众来改变社会现实。他说:"我们的基本学生是劳动大众自己和劳动大众的子弟","我们的科学与资产阶级不同,即不应该把握在少数科学家手中,而应该被大众把握着,或者科学能通过大众自觉地接受而把握着大众"。③因而,徐特立教育思想的精髓就是教育的大众化,也正因为其具有大众性,故社会基础最广泛、最扎实、最雄厚,在群众中最受欢迎和最容易被接受,也最容易取得较大的成效。

三是发展性和开放性。19世纪初叶至20世纪中叶,是中国社会发生激烈变革、由传统的封建社会向资本主义、社会主义转型的时代。这一时期的中国教育,相对于传统教育发生着根本性、革命性的变化,包括教育的思想、目的、体制、方法、手段等方面都发生了巨大的变革。身处其境的徐特立,受着时代变迁的影响,

---

① 武衡、谈天明、戴永增主编:《徐特立文存》(第二卷),广州:广东教育出版社,1995年版,第140页。
② 湖南省长沙师范学校编:《徐特立文集》,长沙:湖南人民出版社,1980年版,第384页。
③ 湖南省长沙师范学校编:《徐特立文集》,长沙:湖南人民出版社,1980年版,第384页。

一贯强调创造、突出发展。他说:"知有创造知,有接受知,就知的来源说是创造知,就发展社会说,必须接受旧知,才能创造新知。""从前的教育,不能用在今天,今天的不能用在昨天。""我们的教育应该强调创造性、革命性。"[1]徐特立的教育思想,吸收古今中外的有益思想,推陈出新,紧跟时代潮流和步伐,始终配合着中国革命的发展,随着复杂而激烈的社会变化而发展,不断服务和推动着革命事业的发展。中华人民共和国成立前,他是新文字的积极推广者,首创教育、科研和经济"三位一体"的办学模式;中华人民共和国成立后,他参与主持编审了新中国第一批中小学教材。他的教育思想紧跟时代而不断丰富、不断发展。同时,徐特立从不固执己见,也毫无门户之见。在延安时,徐特立曾指出杜威的"教育即生活,学校即社会"的教育思想无疑是实用主义的,但它仍有其合理的内核,并对杜威、陶行知的教育理论做出公允的评价。他经常强调:我们要运用古今中外法,学习研究古今中外的文化遗产,作为我们文化教育建设的借鉴。他一直重视对外国先进教育经验的学习,早年为了发展湖南小学教育,曾东渡日本进行学习和考察;中年为了学习西方先进科技和教育理念,赴欧洲勤工俭学,并考察法国、德国、比利时的教育;入党后进入苏联莫斯科中山大学,系统学习马克思主义理论。后来他将这一学习方针与方法归结为三个方面:"首先要有步骤地整理、继承自己的文化遗产,发扬先人创造文化的伟大精神。其次要学习苏联,必须有方法有目的地学习苏联……使它与中国革命的具体实践相结合。""再次,我们不但要学习苏联,而且要吸收资本主义国家的知识遗产,以建设新民主主义的文化教育。"[2]这些丰富多彩的教育阅历,使他的教育思想凸显出明显的开放性。

---

[1] 武衡、谈天明、戴永增主编:《徐特立文存》(第三卷),广州:广东教育出版社,1995年版,第132页。

[2] 湖南省长沙师范学校编:《徐特立文集》,长沙:湖南人民出版社,1980年版,第389—390页。

第三节　实事求是，鼓励创新

> 实事求是……是马克思主义的精髓。
>
> ——徐特立
>
> 学风中最主要的是"实事求是"，"不自以为是"两句话九个字。这九个字可以用来测量党员的学习风气，尤其是有教育责任的党员及干部，更应当严格执行这九个字。
>
> ——徐特立
>
> "实事求是"一语说起来十分简单，做起来难于登天。尤其是有学问的知识分子，卖学问、卖知识，常常不问市场情况，一切从主观出发，不易接受批评，又缺乏反省（即缺乏自我批评），以《学风》一文中毛主席所提出的话来概括，就是"自以为是"。
>
> ——徐特立
>
> 自以为是，是思想命运的一个病态。生命是不断地新陈代谢。自以为是者，他深守旧有的东西不加自我批评，旧的物质不排泄，就无法吸收新的东西，就是思想的生命断绝。
>
> ——徐特立
>
> 知，有接受知，有创造知。知识界也有简单再生产和扩大再生产之分。前者是依样画葫芦，后者是推陈出新。
>
> ——徐特立
>
> 我觉得应当培养敢于发挥其个性，有头脑辨别是非，有主张，有试验，有创造，有行动的青年。
>
> ——徐特立

师德楷模徐特立

徐特立一生教过小学、中学、大学,担任过教员、校长、院长,创办了梨江高小、五美初小、五美高小、长沙师范、长沙女子师范、列宁师范等学校。他是我党一位学识渊博、经验丰富、成就卓越的伟大教育家。[①]他原名徐懋恂,内含实事求是、勤勉笃实之意。1940年,他将儿媳刘萃英收为干女儿,改名"徐乾",并写了一篇短文详细解释"乾"的字义:"君子终日乾乾,夕惕若厉,无咎。乾,健也。终日乾乾,即终日健进不已;惕,警觉也。终日乾乾,至晚还加警惕,目若有凶厉可怕。注意如此集中,精神如此振奋,前途一定远大。"[②]

这正是他以自己的人生信念教育子女,寄予了父辈对子女的厚望。实际上,徐特立的一生正是勤勉自强、不断进取的一生,是实事求是、不断创新的一生。

一、"实事求是,不自以为是"

徐特立一生具有一种重要的思想品质,这就是我们党一贯提倡的实事求是作风。为此,他在教育教学中积极推崇实事求是、宣传实事求是,也忠实地实践实事求是的作风。1940年7月,他在《中国青年》上发表《毛主席的实际精神》一文,将毛泽东的实事求是作风通俗地概括为"实际精神";1942年3月,他在《解放日报》发表《生活教育社十五周年》,称赞生活教育社提倡的生活教育和小先生制,并批评部分干部轻视实事求是;1942年4月1日,他在《解放日报》发表《再论我们怎样学习》,特别强调"实事求是,不自以为是"的学风;1949年10月,《河北教育》创刊,他题词"实事求是,不自以为是"以为刊风,并撰文《实事求是,不自以为是》予以说明;1950年11月6日,应湖南第一师范学校校长、当年他任教第一师范时的学生周世钊之邀,他又一次题写"实事求是,不自以为是",希望以此作为该校的校风,并写了一封长信加以解释[③];1953年4月,应《新观察》编辑部之约,他特意写了《自以为是者的前途》一文,"借以自励"[④]并以之示人;1963年3月,他为上海青年题词三幅,其中一幅就是"实事求是,不自以为是"……可见,实事

[①] 湖南省中师教育研究会编:《中外著名教育家教育思想》,长沙:湖南教育出版社,1990年版,第129页。

[②] 彭世华等:《当今圣人徐特立》,北京:人民教育出版社,2012年版,第307页。

[③] 梁堂华:《圣人风范徐特立》,北京:中国文联出版社,2010年版,第215—216页。

[④] 武衡、谈天明、戴永增主编:《徐特立文存》(第四卷),广州:广东教育出版社,1995年版,第368页。

第四章 "既要做经师,又要做人师"

求是、不自以为是是他一贯倡导的优良作风。他强调中国共产党"学风中最主要的是'实事求是','不自以为是'两句话九个字。这九个字可以用来测量党员的学习风气,尤其是有教育责任的党员及干部,更当严格执行这九个字。"[1]"毛泽东同志的作风是老老实实的作风,是彻底的马克思主义。徐特立希望第一师范以毛主席的作风——实事求是,不自以为是——作为校风。"[2]

徐特立在《实事求是,不自以为是》一文中说:"'实事求是'一语说起来十分简单,做起来难于登天。尤其是有学问的知识分子,卖学问、卖知识,常常不问市场情况,一切从主观出发,不易接受批评,又缺乏反省(即缺乏自我批评),以《学风》一文中毛主席所提出的话来概括,就是'自以为是'。"[3]

徐特立是这样写、这样说,也是这样做的。据记载,有一次河南省委的一位书记陪同他去看高产棉花,介绍情况的人说保证亩产皮棉三百到四百斤。他一看棉花杆子高,枝叶也多,但棉桃很小,就说,现在打霜了,桃子还未开,怎么高产得了?这是吹牛,是缺乏常识。他在1961年8月17日,曾语重心长地写了这样一段话:"浮夸风其目的是骗他人,结果把社会信用失掉,使自己孤立而垮台,并人格也丧尽。一切自谓聪明缺乏老实作风者必贻害社会且灾及子孙。"从这些话语中,我们可以看到徐特立的实事求是、坦荡无私。

1965年,徐特立为国事忧愁,心里有些话想找毛泽东去谈谈,他打过多次电话但总联系不上。有时他焦急地要坐车直接去中南海,但都为身边的工作人员所劝阻。有一次,他悄悄地对他的好友谢觉哉说,想回湖南乡下喂猪去。谢老听了感慨良多,就在这年5月的一则日记上写下一首诗记叙这件事:"九十高龄力有余,身闲不住待何如。老人又羡耕和读,想傍桑荫学养猪。"[4]

徐特立指出:"实事求是……是马克思主义的精髓。"[5]要做到实事求是,就必须不自以为是,徐特立特别强调两者并重、结合使用,这实质上是对毛泽东实事

---

[1] 武衡、谈天明、戴永增主编:《徐特立文存》(第四卷),广东教育出版社,1995年版,第2页。
[2] 武衡、谈天明、戴永增主编:《徐特立文存》(第四卷),广东教育出版社,1995年版,第225页。
[3] 武衡、谈天明、戴永增主编:《徐特立文存》(第四卷),广州:广东教育出版社,1995年版,第1—2页。
[4] 湖南省长沙师范学校编:《徐特立传》,长沙:湖南人民出版社,1984年版,第202—203页。
[5] 湖南第一师范学校,《校友会简讯》2009年第1期,第14页。

求是思想的一个发展。因为实事求是是马克思主义、毛泽东思想的作风要求,而自以为是则恰恰相反,是典型的主观主义。为此,徐特立从马克思主义哲学角度揭示了"自以为是"的本质,尖锐地指出:"自以为是,是思想命运的一个病态。生命是不断地新陈代谢。自以为是者,他深守旧有的东西不加自我批评,旧的物质不排泄,就无法吸收新的东西,就是思想的生命断绝。"[①]他谆谆告诫干部尤其是年轻人要力戒"自以为是",说:"年轻的人,前途远大,成熟过早,目中无人,不但危害自己,同时更会危害社会。少年得志,成功者少。古代的状元,无一有学问者,就因为他当状元了,就自以为是,就主观主义。"[②]同时,他经常警醒自己也提醒他人:"天下唯以高人最难受益","在年高、位高、学高、功高的四种高人面前,则'自以为是'四字,就是第一等的妨碍物。首先就妨碍了自己前进(即妨碍自己'实事求是'),不接受他人的批评,不愿意暴露自己的缺点和错误,主要是害怕丢脸——以被人批评、被人指责为耻辱,反不以'自以为是'为耻辱"[③]。因此,任何人要求进步谋发展,必须实事求是,防止自以为是,否则不仅个人难得提高,其所从事的职业或事业也会迟早遭受损失,乃至失败。

二、反对奴隶教育,鼓励创新

徐特立一生致力于教育事业,以唤醒民众、提高国民素质为己任,并一贯反对奴隶主义教育,鼓励创新教育。他指出:"创造与传统相对立。"[④]"人和动物不同,就是动物不会制造劳动工具和使用劳动工具,而人类能制造并使用劳动工具,因此人能创造,人能进步,成为社会的基础。"[⑤]"教育的作用有麻醉和启发,有介绍、模仿、创造。教奴隶,教顺民,只要模仿;改造物质、改造世界的教育,就必须有创造。"[⑥]强调"要培养大量工程师。机械、土木是基本,采矿、冶金也得学

[①] 武衡、谈天明、戴永增主编:《徐特立文存》(第四卷),广州:广东教育出版社,1995年版,第368页。
[②] 武衡、谈天明、戴永增主编:《徐特立文存》(第四卷),广州:广东教育出版社,1995年版,第368页。
[③] 武衡、谈天明、戴永增主编:《徐特立文存》(第四卷),广州:广东教育出版社,1995年版,第2页。
[④] 武衡、谈天明、戴永增主编:《徐特立文存》(第二卷),广州:广东教育出版社,1995年版,第243页。
[⑤] 武衡、谈天明、戴永增主编:《徐特立文存》(第三卷),广州:广东教育出版社,1995年版,第168页。
[⑥] 武衡、谈天明、戴永增主编:《徐特立文存》(第三卷),广州:广东教育出版社,1995年版,第140页。

土木、学机械。还要深研理论,学习别人的经验,多读书籍。马克思主义说要吸收人类的一切经验。共产党员是用批判和继承的态度发扬人类优秀传统来充实自己的脑子。1930年,我参观了苏俄建设,他们中的少数民族没有文字,他们就用拉丁文造成注音,再教读俄文使其看懂书籍。这是讲少数民族自己的建设,自己不依靠别人。中国的地质、植物、考古学已在国际上有点地位。只是中国工业落后,还缺乏许多优秀的工程师。我希望各位工程师一边做一边还得学习:要学习共产党员的自我批评和互相讨论的精神;要学习毛泽东思想,以求进步和创造新的一切。"[1]

不仅如此,徐特立还提出了反对奴隶主义教育、鼓励创新教育的切实可行方法,如提高思想认识,充分发扬科学民主,激发受教育者的发明创造力,把生产与教育、教育与生活、体与脑结合起来,明确创造性学习的过程,达到实施创新教育的目的等。

一要提高思想认识,明确奴隶主义教育的害处并自觉反对奴隶主义教育。徐特立认为,奴隶主义教育,就是孔步亦步,孔趋亦趋,只成机器,没有人格,难成人才;后来变成帝趋亦趋,帝步亦步,更难有出息。"惰性就是奴性,没有自觉性,没有自动。一定要有进取性,要有远大前途,要兴奋,要慷慨激昂,不要只靠外力来推。""自觉是用头脑,看事实,思想不受成说限制,有主人的头脑。"[2]而要做到"有主人的头脑",能辨是非、定方略,必须反对奴隶主义教育。因此,"'述而不作','学之为言,效也',是奴隶学习的态度。作而不述,创而不效,是孤陋寡闻,也难达到复杂的创造。教条主义是奴隶,经验主义是井底蛙。"[3]二者都是有害之物,都必须反对。

二要充分发扬科学民主,倡导创新教育。徐特立认为,要开展创新教育,就必须解放思想、实事求是、与时俱进、倡导民主、讲究科学、方法正确。因为"独裁总是落后的,民主总是进步的"[4]。"凡是伟大的人物,他之所以能够创造出新的

---

[1] 武衡、谈天明、戴永增主编:《徐特立文存》(第三卷),广州:广东教育出版社,1995年版,第109页。
[2] 武衡、谈天明、戴永增主编:《徐特立文存》(第三卷),广州:广东教育出版社,1995年版,第109页。
[3] 武衡、谈天明、戴永增主编:《徐特立文存》(第三卷),广州:广东教育出版社,1995年版,第132页。
[4] 武衡、谈天明、戴永增主编:《徐特立文存》(第三卷),广州:广东教育出版社,1995年版,第67—68页。

事物,都是由于他吸收了过去人类历史的知识遗传而来的。凡是前进的东西,都是从落后的东西发展而来的,绝不是凭空产生的,落后的东西给前进的东西以创造的基础。"①"要有争论思想才能发展,民主对于推动发展非常重要。""两个人合起来谈论,合起来干,等于孤立的三四个人,比他们还要干得好,三个臭皮匠还凑个诸葛亮。孤立的高高在上的个人,一定容易坏,只有由群众监督才能好,所以我们要强调阶级、群众。"②徐特立还强调,民主校风对于开展创新教育尤为重要。他说:"不民主的社会埋没的人才是千分之九百九十九,不埋没的只有千分之一。"③"革命是生气不是死气,革故鼎新;消化不是消灭,而是进一步发展。"④因此,为适应个性和个体的创造性教育活动的展开,"教育的方法、制度、课程、组织训练、学习方法等一切都采取多样性的、历史性的、地方性的、协调统一的最高原则。多样性即艺术性,统一性即科学性。"⑤"教与育是内外两力:内力、外力。"⑥

三要激发受教育者的发明创造力,把生产与教育、教育与生活、体与脑结合起来。这一点,徐特立与陶行知有某些相同之处。陶行知说:"教学做是一件事,不是三件事。我们要在做上教,在做上学。在做上教的是先生;在做上学的是学生。从先生对学生的关系说:做便是教;从学生对先生的关系说:做便是学。先生拿做来教,乃是真教;学生拿做来学,方是真学。不在做上用功夫,教固不成为教,学也不成为学。"⑦

这些观点,徐特立也表示赞同。但他更有自己独到之处,认为反对奴隶主义教育、倡导创新和鼓励创新教育,必须激发受教育者发明创造的主体性,自觉把

---

①武衡、谈天明、戴永增主编:《徐特立文存》(第二卷),广州:广东教育出版社,1995年版,第226页。
②武衡、谈天明、戴永增主编:《徐特立文存》(第三卷),广州:广东教育出版社,1995年版,第149页。
③武衡、谈天明、戴永增主编:《徐特立文存》(第三卷),广州:广东教育出版社,1995年版,第65页。
④武衡、谈天明、戴永增主编:《徐特立文存》(第三卷),广州:广东教育出版社,1995年版,第124页。
⑤武衡、谈天明、戴永增主编:《徐特立文存》(第三卷),广州:广东教育出版社,1995年版,第121页。
⑥武衡、谈天明、戴永增主编:《徐特立文存》(第三卷),广州:广东教育出版社,1995年版,第122页。
⑦陶行知:《中国教育改造》,北京:东方出版社,1996年版,第108—109页。

生产与教育、教育与生活、体与脑有机结合起来。他说:"予以基本知识,开发自学能力,手脑联系,养成总结经验的习惯,让他们到适应条件的地方去创造。""掌握基本知识要五官并用,从实际下手,不要阻止幻想,科学许多都是从臆说、假设出发,幻想是创造的触角。"①"我们要培养具有创新性的劳动者,只会接受书本子上的现代知识还不够,还需要能够发现新知识。那就更需要从手脑并用的劳动中,改造事物,分析事物,综合事物,才能得出关于事物的一些新知识。"②"不脱离现有的自然条件、社会条件等物质基础,进行改造工作,把旧的东西变为新东西,把可能的东西,争取为现实的东西,突破现实的束缚转变为创造的自由。在狭隘现实基础上有高尚理想,全面的计划,在一步步行动上照顾远大前途。"③可见,徐特立反对奴隶主义教育,鼓励创新,激发受教育者的发明创造力,是从教会受教育者做人做事做学问开始的,在此过程中,学会把生产与教育、教育与生活、体与脑有效地结合起来,进而使每个受教育者都能通过创新教育而有所发明,以至后来居上。

四要明确创造性学习的过程,即学别人的东西有一个吸收、使用、批判和发展的过程,学习最后必须达到创造。创造性的学习大致过程有以下几种:

(1)增进知识是提高思考力、发展创造力的必要因素。徐特立认为,凡是伟大的人物,他之所以能够创造出新的事物,都是由于吸收了过去人类历史的知识遗产而来的。凡是前进的东西,都是从落后的东西发展而来的,绝不是凭空产生的;落后的东西给前进的东西以创造的基础。为了使创造的基石更扎实,使创造力能有极大的发展,徐特立主张必须具有坚实、宽广的普通知识基础,而不能过早的专门化,因为过早的专门化就只能守成不能创造……如果只有普遍科学不够的专家,想把科学推向前一步是不可能的。

(2)要批判旧有的知识。学习的目的是为了继承,继承必须是有批判地继承,而继承又是为了创新。徐特立科学地分析了教育中继承与创新的关系:"第

---

①武衡、谈天明、戴永增主编:《徐特立文存》(第三卷),广州:广东教育出版社,1995年版,第77页。
②武衡、谈天明、戴永增主编:《徐特立文存》(第四卷),广州:广东教育出版社,1995年版,第411页。
③武衡、谈天明、戴永增主编:《徐特立文存》(第三卷),广州:广东教育出版社,1995年版,第83页。

一,一定要继承过去的遗产。第二,一定要有新的生产产生。"他说:研究科学不是凭空创造,所以需要实践和学习,同时要吸收过去人类历史的科学遗产。……要反对不读书,不细心研究,无知妄作,专发空论。然而,另一方面需要发展我们的创造力,不把科学看为教条。我们要反对经院学派式的博学鸿才,成为述而不作无批判的客观主义,对科学的批判是学科学的基本方法之一。他主张一切读书都要加上创造批判的工作,强调在学习人类历史遗产的口号之下,还应该发扬我们自己的优良传统,即创造性、斗争性、科学性,这是我们学习的作风。他在谈到自己的教育实践时说:我们在学校师生共同实践中,批判现用的教科书的内容、事实、理论和文字,加以发挥或修改。他说:批判就是教育的武器。这个批判的过程,可以通过理论的分析和推理,然而更多的、更重要的必须通过实践。

(3)通过实践对所学知识加以吸收、消化、检验和批判,进而有所创造。徐特立认为,学校只是培养创造性人才的基础,要使人才的创造性得到充分的发挥,必须广泛参与实践活动。他指出:书上的知识,必须经过自己劳动实践去体验,那才能够接受和消化,才能够成为自己有血有肉的知识;需要从手脑并用的劳动中,改造事物、分析事物、综合事物,才能得出关于事物的一些新知识;旧的理论与新的实践相结合而产生了新的理论。他寄厚望于年轻的一代:我们青年要有志气,要做科学家,要发现许多新方法新道理,那就不能只在书本子里去发现,只有从改造事物的劳动中去发现;现在的青年一代,更要着重从生产建设的实践中发现关于生产建设的许多新办法新道理。可以说,积极地参与革命和建设实践,是创新的根本途径。反过来,学校教育如果脱离了社会,脱离了生活,脱离了斗争,脱离了各种条件,这种脱离了社会斗争和群众的教育,不但不能改造人,反而会使人畸形发展,变为奴隶。这些思想,应该说,至今为止依然有用。

五要达到实施创造教育的目的。概括地说,目的有三:一是培养国民,培养高度自觉的人民。徐特立指出,在中国长达几千年的封建社会以及随后的半殖民地半封建社会,教育完全是剥削阶级的教育,目的是培养为巩固他们的统治服务的"愚民""顺民",其实质是一种奴隶主义的教育,扼杀了民族的创造精神。然而,新中国新社会的教育完全不同,我们是培养高度自觉的人民,而不是培养盲目服从的顺民；我们的教育就是消灭奴隶制，消灭奴隶教育，我们不做奴隶，也不奴隶人；我们的教育是革命的教育，其目的是教国民不是教顺民，应反对无理的服从及自己没有了解的盲从。因为现在的教育是为革命和建设服务的，我们为着完成建设新民主主义新中国的任务而教育后代。这种教育必然是强调创造性的。二是培养有个性、能独立思考的人，能自动研究、自动工作的人。徐特立主教育中要实行"学生本位"，重视学生的个性发展，反对学习中的"蛔虫""绦虫""字纸篓"。他指出：要养成独立性，发展个性；限制个性的发展与奔放，就不会有所创造，不能发挥每个人的天才；教学不是单纯地给予已有的知识，而应该形成学生创造性和独立思考的能力。他强调：不能完全求中和而消灭个性，有些片面的地方不妨碍大处，不要纠偏，不要用一个模子塑造人，千篇一律就没有创造性。在此基础上，学校要培养出自动研究、自动工作的人，养成他自动的能力与习惯。凡是可以帮助他"开步走"的知识方法技术，都可以教给他，其余要教他自己去求教。他批评那些"学得多懂得少、不加以批判地吸收的人是'字纸篓'"，"所谓书生即学而不知，乃是无用之别名，儒家之流"。他明确表示：我一生不喜欢用奴才。三是培养具有创造性的劳动者和积极的新社会的建设者。在延安时期，他针对有些同志否定学校教育或夸大学校教育的两种偏向，指出：学校的主要任务是教育，培养能够独立工作的科学技术干部，给他们以基本的知识和能力。1948年，徐老提出：我觉得应当培养敢于发挥其个性，有头脑辨别是非，有主张，有试验，有创造，有行动的青年。1957年，毛泽东主席提出"培养有社会主义觉悟的、有文化的劳动者"的教育方针。1958年，徐老在解释这个方针时进一步指出：我们要培养具有创造性的劳动者，只会接受书本子上的现成知识还不够，还需要能够发现新知识。培养具有积极的新社会的建设者是创造教育的最终归宿。只有培养出"积极的新社会的建设者"，才能满足新中国建设的需要，推动社会发展和进步。生动活泼，敢作敢为，才能产生和创造出各种人才来，才能推动社会向前发展。如果是培养了一些阿斗，甚至一些奴隶，那创造性的新社会是不会自然而然地到来的。

因此，徐特立一生的教育理论成果，最根本的源泉正是他长期的革命、建设以及教育实践。他在创办教育时，坚持"改革旧教育，创办新教育"的宗旨，强调"一切服从斗争需要"、"一切为了抗战建国"、一切为了培养"积极的新社会的建设者"。他的教育实践具有一个重要的特征：为革命办教育，用革命精神办教育，用革命的方法办教育。他在不同的革命时期，把教育的发展和建设与革命斗争和建设结合起来，发展教育、改革教育、创造教育，从而使教育得以不断创新和发展。

第五章

"身教主义者"
——为人师表的典范

1966年3月徐特立回到长沙师范，种下4棵蜜橘树以作纪念

师德楷模徐特立

  作为教育工作者,徐特立非常强调"身教"。他在《抗战给我的机会》一文中,他说:"我只是一个实践工作者,不是理论家、作家、政治家或教育家,而只是一个老教书匠和教育行政负责者,身教主义者罢了。"[1]这是明显的谦逊之辞,却也正可看出徐特立对"身教"的极其重视。他强调:"修身教授,固宜注意于道德之判断,情感之涵养,而又须起其躬行实践之意志,兼此知、情、意之三方面,而确立其道德之品性,实修身科教授之目的也。"[2]"又教授修身,须以嘉言善行及谚辞等为本,而勤劝诫之,使之服膺勿失。"[3]在担任八路军驻湘通讯处高级参议时,徐特立坦陈:"我是八路军的代表和共产党人,在政治上不免有被人误会的地方,因此我采取绝对公开的办法,言论和行动绝对一致。"[4]正因为胸怀坦荡、言行一致、以身示范,徐特立赢得了世人的一致称赞。他是一个真正的"身教主义者",更是为人师表的典范。

  正如我国著名教育家周世钊所言:徐特立"那种革命第一、工作第一、他人第一的崇高品质,他那种好学不厌、诲人不倦,为革命的教育事业贡献出毕生力量的伟大精神,他那种勤勤恳恳、艰苦朴素、穷且益坚、老而弥劲,为了革命和教育,敢于和一切黑暗势力与艰危环境奋斗到底的英雄豪迈气概,却永远是我们全国人民,特别是一切教育工作者的伟大师表和光辉典范"[5]。

---

[1] 武衡、谈天明、戴永增主编:《徐特立文存》(第二卷),广州:广东教育出版社,1995年版,第56页。

[2] 武衡、谈天明、戴永增主编:《徐特立文存》(第一卷),广州:广东教育出版社,1995年版,第154页。

[3] 武衡、谈天明、戴永增主编:《徐特立文存》(第一卷),广州:广东教育出版社,1995年版,第156页。

[4] 武衡、谈天明、戴永增主编:《徐特立文存》(第二卷),广州:广东教育出版社,1995年版,第57页。

[5] 湖南省长沙师范学校编:《怀念徐特立同志》,长沙:湖南人民出版社,1979年版,第142页。

第五章 "身教主义者"

第一节 严以律己,谦以待人

> 修身教授,固宜注意于道德之判断,情感之涵养,而又须起其躬行实践之意志,兼此知、情、意之三方面,而确立其道德之品性,实修身科教授之目的也。
>
> ——徐特立
>
> 我只是一个实践工作者,不是理论家、作家、政治家或教育家,而只是一个老教书匠和教育行政负责者,身教主义者罢了。
>
> ——徐特立
>
> 外婆不易做,事事要克己。投身浊世中,一尘不曾染。一切为他人,自奉等讨米。
>
> ——谢觉哉
>
> 他……言传身教,教育了几代青年,桃李满天下,不愧为人民师表。
>
> ——中共中央致徐特立同志的悼词

可以说,徐特立用他一生的行为撰写了"身教"这本没有字的教科书,而作为这本书的第一章,就是"严以律己,谦以待人"的为人师表风范。正如1937年1月30日,毛泽东在祝徐特立六十大寿的信中所说:"你是我二十年前的先生,你现在仍然是我的先生,你将来必定还是我的先生。……你是懂得很多而时刻以为不足,而在有些人本来只有'半桶水',却偏要'淌得很'。你是心里想的就是口里说的与手里做的,而在有些人他们心之某一角落,却不免藏着一些腌腌臜臜的东西。你是任何时候都是同群众在一块的,而在有些人却似乎以脱离群众为快乐。你是处处表现自己就是服从党的与革命的纪律之模范,而在有些人却似乎以为纪律只是束缚人家的,自己并不包括在内。你是革命第一,工作第一,他人第一,而在有些人却是出风头第一,休息第一,与自己第一。你总是拣难事做,从来也不躲避责任,而在有些人则只愿意拣轻松事做,遇到担当责任的关头就躲避了。

所有这些方面我都是佩服你的,愿意继续地学习你的,也愿意全党同志学习你。当你六十岁生日的时候写这封信祝贺你,愿你健康,愿你长寿,愿你成为一切革命党人与全体人民的模范。"①

一、"事事要克己"

徐特立的好朋友、同为"五老"之一的谢觉哉在贺徐老七十大寿的诗中写道:"外婆不易做,事事要克己。投身浊世中,一尘不曾染。一切为他人,自奉等讨米。"高度称赞徐特立"孔子不足高,墨翟差可比"。

所谓"事事要克己",也即严于律己,以此作为身教。具体阐述从以下几方面展开:以身示范,事必躬亲,勇于反省,严防"四高",不自以为是,等等。

谢觉哉在《奉答徐老自寿诗》中,热情称赞徐特立的以身示范精神:"外婆不易做,事事要克己"。

(一)"以身示范,以为儿童之表率"

徐特立结合自己一生的从教经验,认为做一个真正的人民教师是很不容易的。他说:"我们的教学是要采取'人师'和'经师'二者合一的,每个教科学知识的人,他就是一个模范人物,同时也是一个有学问的人。"②"以身示范,以为儿童之表率,最为重要,此在初学年尤然。故教师当自慎其言行而以身作则。"③"要培养浓厚的教育风气。教员要有教育家的风度,要有热爱的心情,对学生要有很大的感染力,要有伟大的气魄。总之,一切的设施和行动,都要对教育有利,这样浓厚的教育风气才能培养、生长和发展。我们要做园丁,不要做樵夫。"④

---

① 毛泽东著:《毛泽东书信选集》,北京:人民出版社,1984年版,第98—99页。
② 武衡、谈天民、戴永增主编:《徐特立文存》(第四卷),广州:广东教育出版社,1995年版,第248页。
③ 武衡、谈天民、戴永增主编:《徐特立文存》(第一卷),广州:广东教育出版社,1995年版,第157页。
④ 武衡、谈天民、戴永增主编:《徐特立文存》(第三卷),广州:广东教育出版社,1995年版,第283页。

徐特立是这样说的,更是这样做的。在担任湖南省立第一女子师范学校校长时,他曾写诗批评学生不爱惜学校卫生:"花生橘子弃残余,铺满阶前弗扫除。学生本是人中秀,习染还同未读书。"然而,另一方面,他更以自己的行动,做学生的表率,去感化学生。谢冰莹在《一个女兵的自传》中做了深情的回忆:

> 那时学校里几乎成了一种喜欢吃蚕豆的风气,同学们老是喜欢两个三个地排行一字在校内散步,一面走一面剥着蚕豆,满地散着壳子。外婆看到了,并不开口就责备她们,只是静悄悄地弯下腰来,一点一点地把壳子拾起。正在吃得津津有味的学生,当然想不到后面有一个在用手替她们扫地的外婆丫头;等到她们走了不少的路,外婆才轻轻地生怕惊动了她们似的说道:"壳子少丢一点吧,我这老腰已经弯痛了呢。"

> 她们听到外婆的声音,吓得立刻站住,回转头来一看,只见她们丢下的壳子,都到了外婆的手里,这时她们脸红红地再也说不出半句话来。从此不但她们不敢丢蚕豆壳子或花生壳在地上,就是别的同学,也不敢随便丢纸片了。他是这样一个完全用人格感化学生的教育家,怎叫我们不佩服他不服从他呢?①

(二)事必躬亲

据武衡、阎沛霖回忆,徐特立在担任延安自然科学院院长期间,为学院的发展付出了大量心血,"不论是教育方针还是具体的课程安排,不论是思想政治工作还是后勤工作,一件件,一桩桩,事无巨细,他都管。尽管那么忙,他还亲自教课。既给学生上大课,又给教师和干部讲政治理论课。"②徐特立讲课简明扼要,深入浅出,尽量形象化,使人容易理解和记忆。延安自然科学院分布在几个山头上,年近古稀的徐特立经常爬坡越岭到各系、班的学习和居住场地,了解学员的学习和生活情况,就地解决相关具体问题。下雨天,他不顾山路的泥泞溜滑,打着赤脚去检查了解。不管刮风下雨,他还常代替学生亲自打钟——一块挂着的铁板。一个时期,延安自然科学院的课堂是上顶蓝天,下踏大地,地上放几排板子,三个

---

① 中国现代文学馆编:《谢冰莹代表作》,北京:华夏出版社,2009年版,第94—95页。
② 湖南省长沙师范学校编:《怀念徐特立同志》,长沙:湖南人民出版社,1979年版,第49—50页。

人挤坐在一条板子上,记笔记都很不方便。徐特立看到这个情况,马上让把板子锯断,改成小板凳。这样,学生上课就不拥挤,携带起来也很方便。学生齐声称赞:"徐老时时、处处、事事替大家着想,真是我们的好外婆。"①

(三)勇于反省

徐特立德高望重,被称为"当今一圣人""革命一完人",但他从不就此满足于自我,而是有着清醒的头脑,勇于进行自我批评,敢于承认自己的缺点和不足。作为伟大的无产阶级教育家,徐特立有着丰富的教育实践和渊博的教育理论知识,但他对小他14岁的"人民教育家"陶行知十分尊敬。在谈到陶先生时,他诚恳地说:"陶行知的小先生制,与我在江西所行的小先生制密合,但我只有行动没有理论,他发明了理论,他实际上比我高明。"②他甚至说:"我虽不是他的学生,但我常常尊敬他为师,我与故旧通信,常署'师陶'。"③

在关于自己的错误方面,徐特立曾坦然地说:"我犯过了两个错误,是没有人知道的。第一个我拥护过盲动主义,我绝对地拥护。为什么呢?因为我加入党还不久……那时候我的思想,完全没有共产主义的思想,没有党的思想。是一个小资产阶级的激进派,但我自己不懂得。……我那时主张上山当土匪……我还主张杀人放火。"④另外,在皖南事变发生后,徐特立曾写信给毛泽东,认为国民党要投降日本帝国主义了,共产党应该打出去,争取国统区的民众,然而,"后来皖南事变解决,我晓得我是错了"⑤。其胸怀之坦荡、心襟之博大,由此可见一斑。

(四)谦逊克己,不图虚名

在中央苏区时,徐特立担任教育人民委员部副部长,由于部长瞿秋白在上海,因此苏区教育工作实际上由徐特立主持。1934年2月,瞿秋白来到瑞金。徐特立马上向中央提出,秋白同志年轻有才干,是党中央负责人之一,应该由他任部长,得到中央同意。在以后的工作中,他俩互相尊重,默契配合,使苏区教育工

---

① 梁堂华:《圣人风范徐特立》,北京:中国文联出版社,2010年版,第104页。
② 武衡、谈天民、戴永增主编:《徐特立文存》(第二卷),广州:广东教育出版社,1995年版,第225页。
③ 武衡、谈天民、戴永增主编:《徐特立文存》(第二卷),广州:广东教育出版社,1995年版,第225页。
④ 武衡、谈天民、戴永增主编:《徐特立文存》(第二卷),广州:广东教育出版社,1995年版,第259页。
⑤ 武衡、谈天民、戴永增主编:《徐特立文存》(第二卷),广州:广东教育出版社,1995年版,第261页。

作取得了突出的成绩,同时他们两人也结下了真挚的友谊。

1956年,党的八大前夕,徐特立给中央写信,提出自己年事已高、记忆力减退,请求免去中共中央宣传部副部长的职务,让年轻有为的同志来接替,否则只挂名不能工作,心里很不安。后来,当杨尚昆、陆定一等同志来看望他时,他说:"我老不记事了,占个位子不能工作呀!我们看到后一代人成长起来,革命才有希望,自己也才能安心哟!"

众所周知,徐特立是毛泽东就读湖南第一师范时最尊敬的老师之一,对此,徐特立却从来不曾沾沾自喜,更不曾高高在上、得意忘形。每当有人提起他曾是毛泽东的老师时,他总是说:"从前我在湖南第一师范教过书,当过毛主席的先生,那是真的;那只是一日之师,而毛主席是我的终身之师——是他带我这个老朽走上了革命道路。泽东同志值得我们学习的地方是很多的……"言辞恳切,实事求是,充满着对毛泽东的爱护和尊重之情。

(五)严防"四高"

徐特立经常警醒自己,同时也提醒他人:"天下唯以高人最难受益","在年高、位高、学高、功高的几种人面前,则'自以为是'四字,就是第一等的妨碍物。首先就妨碍了自己前进(即妨碍实事求是),不接受他人的批评,不愿意暴露自己的缺点和错误,主要的是害怕丢脸——以被人批评、被人指责为耻辱,反不以'自以为是'为耻辱。"①

身为"五老"之首,徐特立备受党内外尊重,可他始终对此有着清醒、独特的认识。他曾说:"我是个老头子,还有吴老、谢老我们三个老头子并不高明。"②他恳切地提出"希望各位同志,把年老的同志不要特殊看待",因为"对老头特别尊重,尊重容易使他犯错误";"人一天不能停止前进,他只要没有老,一天停止进步就老了。一老就危险,因为别人对他特别尊重是危险的"。③徐特立这种建立在

---

①湖南省长沙师范学校编:《徐特立文集》,长沙:湖南人民出版社,1980年版,第383页。
②武衡、谈天民、戴永增主编:《徐特立文存》(第二卷),广州:广东教育出版社,1995年版,第255—256页。
③武衡、谈天民、戴永增主编:《徐特立文存》(第二卷),广州:广东教育出版社,1995年版,第225页。

实事求是原则上的清醒的自我认识、自我剖析,充分显现了一位真正的共产主义战士的博大胸怀与智慧。

(六)不自以为是

徐特立一生倡导"实事求是,不自以为是"。实事求是是马克思主义的作风,是毛泽东的作风,也是全党的党风,而提倡"不自以为是"与"实事求是"两者并重、配合使用,这则是徐特立对毛泽东实事求是思想的一个发展。坚持实事求是,就必须反对自以为是。

徐特立从哲学角度揭示了"自以为是"的本质,尖锐地指出:"自以为是,是思想生命的一个病态。生命是不断地新陈代谢,自以为是者,他深守旧有的东西不加自我批评,旧的物质不排泄,就无法吸收新的东西,就是思想的生命断绝。"①他说:"一分钟一秒钟自满,在这一分一秒间就停止了自己吸收的生命和排泄的生命。"②辩证唯物主义一个基本观点是一切事物都处于运动、变化与发展之中;实事求是者必须遵循事物的这一基本特性,由此去认识事物发展的规律;而自以为是者恰恰相反,固守已有的知识而停止前进的步伐,导致思想生命断绝。

自以为是是典型的主观主义。在《自以为是者的前途》一文中,徐特立指出:"自以为是,就是主观主义。如果主观主义再形成一伙,就是宗派主义。"③他说:"由于主观主义自以为是的恶果,又种下宗派主义的恶因,因果循环,不止是断送了自己学习的前途而已。"④"自以为是就是主观主义,它使党遭受了莫大的损失,使我们流了血,这是流血的经验。"⑤所以,真正的共产党人必须防止自以为是,否则不仅个人难以进步,革命事业也会遭受损失。1977年5月10日,邓颖超陪同缅甸总统参观湖南一师,在参观过程中,当接待员念了徐特立"实事求是,不自以为是"的校风题词时,她鼓掌称赞:"'不自以为是'说得好,很重要。如果自以为

---

① 武衡、谈天民、戴永增主编:《徐特立文存》(第三卷),广州:广东教育出版社,1995版,第368页。
② 中央教育科学研究所编:《徐特立教育文集》,北京:人民教育出版社,1979版,第267页。
③ 武衡、谈天民、戴永增主编:《徐特立文存》(第四卷),广州:广东教育出版社,1995版,368页。
④ 中央教育科学研究所编:《徐特立教育文集》,北京:人民教育出版社,1979版,第26页。
⑤ 武衡、谈天民、戴永增主编:《徐特立文存》(第四卷),广州:广东教育出版社,1995年版,第353页。

是,就要犯主观主义。"①

徐乾回忆,她第二次回延安后,组织上调她去兼任徐老的秘书,徐老"叫我集中精力学习马列主义和文化知识。他老人家亲自为我制订了作息计划,并要求我贴于左右,严格遵守。""要求我做到如下三点:一、每日工作八小时,上午四个钟头均作学习之用,不会客,不闲谈,不外出。二、下午以两小时看报、看党的文件,另以两小时处理我给你的工作。三、星期日及星期六下午洗衣会客、整理衣服用具及外出会友。""徐老既是慈父又是严师,他对于我的学习抓得这样紧,许多工作情愿自己处理也要每天腾出四个小时让我专心学习。当时我年轻,好动不好静,没有养成专心读书的习惯,加上文化水平低,理论书籍感到很吃力,而喜欢读那些故事性很强的文艺书刊,在时间上也不能抓得很紧。老人家发现这些缺点后,不断地对我进行帮助教育。他多次以鲁迅和列宁为典范,来说明珍惜时间和把握工作中心的重要性。"他教导说:"鲁迅以妨碍别人的时间为谋财害命,我以为自己浪费时间只是自杀政策。列宁的工作方法是把握中心的一环,平均主义的工作不会在工作中找到出路。"②

徐乾说:"徐老对时间如此珍惜,正反映了他昂扬振兴、自强不息的精神。他在给傅连璋同志的一首诗中写道:'世有老少年,也有少年老。不落时代后,年老才可宝。''我早已龟蜗,爬行在人后,日日不知息,一生未曾够。'徐老就是这样一位永不满足、永葆青春的无产阶级革命家。在他老人家身边,我时时处处被一种奋发向上的精神鼓舞着。"③

徐特立不仅这样说,也是这样做的。1947年1月10日,中共中央在给他的祝寿信中说:"你对自己是学而不厌,你对别人是诲人不倦,这个品质使你成为中国杰出的革命教育家。"④近半个世纪过去了,中国科学院院士、中国发明家协会会长武衡在《徐特立文存》序言中写道:"徐特立是我国近代精神文明的伟大师表。他少年发奋,'十年破产读书',自学成才,又作《书愤》《言志》诗以明志。后舍

---

① 孙海林主编:《湖南第一师范校史》,长沙:湖南人民出版社,2003年版,第34页。
② 李龙如主编:《一代师表徐特立》,长沙:岳麓书社,1998年版,第339—340页。
③ 李龙如、李喧主编:《一代师表徐特立》,长沙:岳麓书社,1998年版,第340页。
④ 武衡、谈天明、戴永增主编:《徐特立文存》(第三卷),广州:广东教育出版社,1995年版,第381页。

家兴学,无私服务社会,并在国难当头'断指血书',激励青年反帝爱国。他一生以书为伴,读书破万卷,藏书两万册,学而不厌,诲人不倦。他一生勤奋育人,在半个多世纪的教育和革命生涯中,培育了几代人。"①

二、对待教师平等谦和

在长期的教育教学实践中,徐特立认为:"教师和学生,一切都是相互的平等的关系,用中国的老话来说,叫做'教学半'(教者学者各负一半责任,就没有资产阶级的所谓教师本位或学生本位之对立),或曰'教学相长',在教和学的当中,教师和学生都得到利益,都获得进步。这是新的师生关系的问题。"②

"自尊和尊人是我们道德上的基本原则,认为我们今天还不能总结些东西是既不尊己,又不尊人。反对把人家做奴隶,也反对把自己做奴隶。中国过去伦理里不提自己是奴隶道德。我与我们双方并重,才能解决整个伦理问题。"③"自己不肯奴役人家,也就自己不当奴隶。奴役人家的人,自己也会当奴隶。我们要培养自尊而尊人的人生观,我们要彻底消灭奴隶制。"④还说:"自信心就是要自己看得起自己,自尊。卑己而尊人是坏的,尊己而卑人也是坏的。'谦虚'这两个字也不太好,'谦虚'如果是卑己而尊人是非常要不得的,'谦虚'应该是建立在自尊而尊人上面。"⑤"奴隶人的人并不能很好地发展个性。主客观统一,集体与个人统一,才能和谐发展。"⑥

为了搞好各种类型学校的教学工作,徐特立非常看重人格平等,非常注意尊重每一位教师。有许多有关他尊师重教的故事,一直为人们所传颂。1925 年,徐

---

①武衡、谈天明、戴永增主编:《徐特立文存》(序言),广州:广东教育出版社,1995 年版,第 4 页。
②武衡、谈天明、戴永增主编:《徐特立文存》(第三卷),广州:广东教育出版社,1995 年版,第 249 页。
③武衡、谈天明、戴永增主编:《徐特立文存》(第三卷),广州:广东教育出版社,1995 年版,第 77 页。
④武衡、谈天明、戴永增主编:《徐特立文存》(第三卷),广州:广东教育出版社,1995 年版,第 78 页。
⑤武衡、谈天明、戴永增主编:《徐特立文存》(第三卷),广州:广东教育出版社,1995 年版,第 128 页。
⑥武衡、谈天明、戴永增主编:《徐特立文存》(第三卷),广州:广东教育出版社,1995 年版,第 78 页。

特立接手稻田师范校长一职,当时的稻田师范风气甚为不好,很多教员搞派系、拉小圈子,还有的教员随意缺课。于是,徐特立到处聘请有真才实学、作风正派的教师。在一个寒冷的早晨,徐特立冒着大风雪送聘书给有名的地理教员鲁景深先生。由于鲁先生还卧床未起,给徐特立开门的是鲁先生的爱人,而鲁先生的爱人不认识徐特立,更不了解面前的这位是校长,还以为只是一位普通的老校工,就让他在客房里等了两个多小时。鲁先生起床知道这事后深受感动,尽管已接受了别校的聘约,仍表示愿意到稻田师范来上课。

徐特立这种平等待人、尊师重教、关爱教师的作风,使很多优秀的教师集聚在他的身边,心甘情愿地帮助他搞好教育工作。有一位教理化的教员宁可辞去长郡中学每小时一块银元的课不教,而到徐特立任校长的长沙女子师范教每小时6角钱的课。有人问其中缘故,这位教员回答说:"长郡中学的校长彭国钧是老爷,一副高不可攀的架势,女师的徐校长平易近人,是朋友。我到长沙女师上课,常先到徐校长的房子里,坐在他的卧床上,随便聊天,他总是从各方面体贴关照我,彼此毫无隔阂。所以钟点费虽然是少一点,但精神很畅快,使我感到在他的学校里上课、工作有意义。"

徐特立尊师重教、爱护教师,坚决同那些仇视进步教师的势力做斗争。有一次,稻田师范的一些学生因受派系势力的唆使而出面闹事,要挟学校解除一个物理老师的聘约。他派总务主任熊瑾玎、文牍黄厘叔两人了解情况后,对闹事学生说明真相,晓以利害,指出那位物理老师是难得的好教师,不能解聘,坚决制止了这一事件的发展。不久,那些派系活动的煽动者,又向一些进步教师投寄匿名信,威逼他们离校。这些卑鄙勾当也遭到徐特立的正面回击,从而发挥了进步教师在学校中的骨干作用,使学校越办越好。①

在延安自然科学院的创办过程中,徐特立在学院里既是领导又是教师,还是青年教员的辅导老师。他非常尊重学院里的非党领导干部和教员,有事总是谦和地同他们交换意见、共同探讨。虽然经常开展争论,有时甚至面红耳赤,但从不把他自己的意见强加于人。他总是注重为青年教员和非党员教师创造条件,发挥其聪明才智,鼓励他们为革命做出更多贡献。由于徐特立谦和慈祥,大家都乐意

———————
① 湖南省长沙师范学校编:《徐特立传》,长沙:湖南人民出版社,1984年版,第74—75页。

与徐特立探讨和研究问题,往往有"与君一席话,胜读十年书"之感。同样,徐特立对身边的工作人员也异常关切,非常谦和,关心他们的个人生活,关心他们的成长。他常说:"惰性就是奴性,没有自觉性,没有自动。一定要有进取性,要有远大前途,要兴奋,要慷慨激昂,不要只靠外力来推。"①"我觉得应当培养敢于发挥其个性,有脑筋辨别是非,有主张,有试验,有创造,有行动的青年。生动活泼敢作敢为,才能产生出各种人才来,才能推动社会向前发展。如果是培养了一些阿斗,甚至一些奴隶,那新社会是不会到来的。"②

三、民主管理学生

徐特立坚持身教主义,一贯痛恨专制主义,极力倡导民主政体,平日所作所为,事事、处处都发扬民主、联系群众、尊重群众,从不突出个人,即使是对自己的学生也是如此。他说:"不民主的社会埋没的人才千分之九百九十九,不埋没的只有千分之一,因为没有条件给他发展。我从前到浏阳看那些小学教员,都很能行,但都埋没无名,只因我在长沙条件好,所以就占个地位。"③"我们要求教师对学生民主,而我们负教育领导责任者对于教师,也需要民主态度。我们的民主补课,是整个社会的需要,尤其是与人民有直接关系的干部,如,乡村长、小学教师,更特别需要;不然,就不能由封建社会的人民的老爷变为人民的勤务员。"④"我们中国三四千年的历史,人民第一次得到解放不过三年,三年间建设起来的全国民主制度,它像急风暴雨似的扫荡封建残余制度,得到伟大的胜利。进行思想改造的基础就在于广泛地民主补课。""打骂、不讲道理、不要民主制度是封建社会的特点,今天用来对待人民,甚至对待人民儿童,这是严重的封建残余。""普遍的民主补课,早从首都开始,一切大学教授,都接受了这一洗礼。我们应该把民主补课广泛地发动到每一角落,在农村首先从政治经济文化各种干部开始。小学教师就是有知识的文化干部,应该对于体罚学生的问题作深刻的检讨。同时我们有教育经验和教育学识者,也有责任有义务并有权利提出积极的办法,建立

---

① 武衡、谈天明、戴永增主编:《徐特立文存》(第三卷),广州:广东教育出版社,1995年版,第109页。
② 武衡、谈天明、戴永增主编:《徐特立文存》(第三卷),广州:广东教育出版社,1995年版,第279页。
③ 武衡、谈天明、戴永增主编:《徐特立文存》(第三卷),广州:广东教育出版社,1995年版,第65页。
④ 武衡、谈天明、戴永增主编:《徐特立文存》(第四卷),广州:广东教育出版社,1995年版,第362页。

一套制度,使乡村教师得以从思想上、从组织上、从学术上来指导儿童。"①

徐特立实行身教主义、民主管理学生的目的,在于使培养出来的人不但要有革命的思想,而且要有丰富的科学文化知识,还要有健康的身体。按照这一目的,徐特立从革命事业的需要、民主管理学生的规范和青少年将来肩负的历史重任出发,特别重视青少年的思想政治品德教育。他说:"盖小学校所授各科,莫不有关于德育,然各科均有特定之目的,对于德育只可谓有间接之关系。唯修身科则直接以陶冶情操、育成品性为目的,是即修身之特色,亦所以居诸科之首也。"②"一般教育问题,总是把伦理教育提到第一位,伦理关系就是社会关系。"③

徐特立在强调对青少年进行思想政治品德教育的同时,十分重视青少年对科学文化知识的掌握,并要求青少年刻苦钻研文化科学技术,红专并进。他针对我国的科学文化由于长期的封建统治而十分落后、人才奇缺的窘况,向青少年提出了要努力学习科学文化知识的任务。他在《我们怎样学习》一文中指出:"应该知道我们虽然能把握着前进的政治方向,但对于技术、科学等各方面还落后于他人。对文学,我们也是有少数的左翼作家,其他的作家还没有吸引到我们这里来。至于经济建设,我们也只有正确的经济政策,而缺乏专门技术人才和科学人才。"④因而,他认为青少年要努力学习科学文化知识,为革命勤学苦练,掌握进行革命和建设的真实本领,才能更好地为人民服务。同时,徐特立不但要求青少年要有好的思想品德、丰富的科学文化知识,而且要有健康的身体。他说:"锻炼身体,对一个革命者来说,是件十分重要的事情。"⑤认为凡有志为社会出力、为国家成大事的青少年,一定要十分珍视身体健康和加强身体锻炼,进而才能做到德、智、体"三育并重"、全面发展。

应该说,校园诗歌作为学校管理的核心文化之一,很能反映其校园管理的精

---

① 武衡、谈天明、戴永增主编:《徐特立文存》(第四卷),广州:广东教育出版社,1995年版,第363页。
② 武衡、谈天明、戴永增主编:《徐特立文存》(第一卷),广州:广东教育出版社,1995年版,第154页。
③ 武衡、谈天明、戴永增主编:《徐特立文存》(第三卷),广州:广东教育出版社,1995年版,第136页。
④ 武衡、谈天明、戴永增主编:《徐特立文存》(第二卷),广州:广东教育出版社,1995年版,第214页。
⑤ 武衡、谈天明、戴永增主编:《徐特立文存》(第五卷),广州:广东教育出版社,1995年版,第386页。

神。下面就是徐特立任长沙县立师范学校校长时写的《毕业歌》，以及他任延安自然科学院院长时校内传颂的一首歌，抄写如下：

毕业歌

休夸长沙十万口，子弟不教非我有。
十八乡镇半开化，少数通人难持久。
莫谓乡村阻力多，盘根错节需能手。
莫谓乡村馆谷薄，树人收获金如斗。
大家努力树桃李，使我古潭追邹鲁。

延安自然科学院传颂的诗歌

我们的生活艰苦而又紧张，
我们的革命热情却日益高涨。
谁说我们没有课堂？
我们有着世界上最大的课堂。
蓝天是我们的屋顶，
高山是我们的围墙。
谁说我们没有教具？
自制的教具更漂亮。
谁说"土包子"不能办大学？
我们的信心比泰山还稳固，
我们的意志比钢铁还坚强。
为了祖国的新生，为了民族的解放，
任何困难都不能把我们阻挡。

这两首充满乐观主义激情的诗歌，鲜明地反映了徐特立在不同时代的办学方向、管理风格和学生的民主精神，也反映出校长徐特立民主管理学生的办校特色。

除此之外，这方面的事例还有很多。例如，当年长沙师范是县立的学校，实行的是一长制，与当时各公立中学等学校一样，校长有权处理一切校务。但是，徐特立并不喜欢这种个人说了算的制度，而是通过组织校务委员会、学生自治会，发动师生共同管理学校。开校务会议时，学生自治会必须要有两名以上的代表参加。举凡校内一切事务，不论是教务方面、训育方面，还是财务方面，都要在事先提交校务会议进行研究、讨论，并作出决议，然后才公布实施。又如，在新立的长沙女子师范学校里，徐特立通过组织校董会，由校董会产生校务委员会，选出五个常务委员，轮流负责处理学校的日常事务。熊瑾玎就是长沙女师五常委之一，据他回忆："徐老的这种做法，是当时学校中少见的。不少学校当时也有校务委员会，但只是徒具形式而已。而在长沙女子师范学校，每个校务委员都有权对学校的工作提出改进意见，轮值的校务委员则有权处理校内事务，而不必事事请示徐老。徐老作为创办人兼校长，从来不把自己凌驾于校务委员会之上，从来不把自己的意见强加于人。由于徐老推行这种民主制度，因此长沙女子师范学校办得很有生气，师生都能认真地教与学，虽是初办的学校，一切工作都走上了正轨。"徐特立在延安时，还深有感慨地说过："我办两个师范学校，一个是公立的，政府每年经费五万元，一个私立，政府一年只津贴一千元，公立学校我每星期在那里六天，私立学校我每星期在那里一天就行了，许多事情都由学生自己管，管得很用心，不要我管。公立学校却需要有资望的坐镇。"[1]究其原因，就是因为徐特立在私立的长沙女师比较彻底地推行了民主管理学生的治校好办法。

---

[1] 彭世华等：《当今圣人徐特立》，北京：人民教育出版社，2012年版，第107—108页。

第二节　节俭朴素，廉洁奉公

> 我平生过惯了俭薄的生活，觉得只有这样，才能使精神愉快。
>
> ——徐特立
>
> 我一生办学校，就是靠的勤俭办学。
>
> ——徐特立
>
> 我自己没有财产，也没有办公欠过钱，有什么能力创办学校呢？我的办法就是每日多上课两小时，一月多得六十元，分给两个高小用。家人留在乡下节省日用，谢绝一切应酬，绝对不请朋友吃酒肉和茶点。
>
> ——徐特立
>
> 依靠自己的双手，去创造条件，克服困难，靠自力更生，勤俭节约的精神，把我们的学校办起来。
>
> ——徐特立
>
> 我的节俭作风自儿童时代养成至今，已成了天性。我一生节衣缩食，勤俭朴素，当时才能做些社会事业，后来参加革命就能艰苦奋斗，克己为公。
>
> ——徐特立
>
> 创业难，守业亦难，须知物力维艰，事事莫争虚体面，老老实实，勤俭建国，发愤图强。
>
> ——徐特立

徐特立作为身教主义者，一生奉行以身作则、以身教人，也一生都习惯过简朴的生活。他不仅以此律己，而且用以育人，更将节俭省下的钱物用于教育等公益活动、用于国家和民族解放及民族复兴的伟业之中。他说："人首先是为己，没有己就没有志愿，我是彻底为己，哪怕是我儿子、侄儿，不跟我来，我就宁愿花钱为旁人。我的侄儿我培养读到中学,只差半年他不肯读下去。我曾用五斗米挽救一个学校。我总喜欢帮有希望的人,有希望的只要你帮他几句话,帮他很少的物质,就可以把他扶起。为己而不侵犯人这非常重要。"①"反对不近人情,人情还是要的。"②"合理的社会是人我统一,公私统一。公而无私是片面的东西,有时被利用来剥削他人。如蒋介石说:国家至上,民族至上,意志集中,力量集中。其实是朕即国家,没有人民。"③

一、"我平生过惯了俭薄的生活"

老一辈无产阶级革命家都十分注重勤俭朴素。毛泽东指出:"我们的国家一要勤,二要俭,不要懒,不要豪华。懒则衰,就不好。"④"勤俭办工厂,勤俭办商店,勤俭办一切国营事业和合作事业,勤俭办一切其他事业,什么事业都应当执行勤俭的原则。这就是节约的原则,节约是社会主义经济的基本原则之一。"⑤刘少奇强调:"马克思说:无产阶级要解放全人类,要解放所有劳动者,而后自己才能获得解放。共产党员如果待遇太高了,就不利于团结群众,在政治上就会陷于被动,对解放群众、解放自己都没有好处。如果我们的待遇比人民低一些,政治上就很主动,就便于团结教育人民,便于解放全体劳动者,也便于解放自己。现在应该多提倡艰苦朴素,少宣传生活如何美好,要多为人民着想。"⑥周恩来提出:"我们要提倡养成朴素的作风,我们的党也好,政府也好,军队也好,机关也好,假设有铺张浪费的现象,我们很欢迎青年人来批评。"⑦朱德认为:"从俭入奢易,从奢入俭难。勤俭建国家,永久是真言。"⑧

---

① 武衡、谈天明、戴永增主编:《徐特立文存》(第三卷),广州:广东教育出版社,1995年版,第16页。
② 武衡、谈天明、戴永增主编:《徐特立文存》(第三卷),广州:广东教育出版社,1995年版,第154页。
③ 武衡、谈天明、戴永增主编:《徐特立文存》(第三卷),广州:广东教育出版社,1995年版,第74页。
④ 中共中央文献研究室编:《毛泽东著作专题摘编》(上),北京:中央文献出版社,2003年版,第935页。
⑤ 中共中央文献研究室编:《毛泽东文集》(第六卷),北京:人民出版社,1999年版,第447页。
⑥ 中共中央文献研究室、中共中央党校编:《刘少奇论党的建设》,北京:中央文献出版社,1991年版,第652页。
⑦ 中共中央文献研究室编:《周恩来经济文选》,北京:中央文献出版社,1993年版,第7页。
⑧ 中共中央文献研究室编:《朱德诗词集》(新编本)(上),北京:中央文献出版社,2007年版,第277页。

师德楷模徐特立

徐特立作为伟大的共产主义战士、杰出的无产阶级教育家,更是践行勤俭朴素的典范。他提出,勤劳俭朴的生活能锻炼坚强的意志、陶冶崇高的品质。"我平生过惯了俭薄的生活,觉得只有这样,才能使精神愉快。"①在任何时候,徐特立始终都保持着勤俭朴素的作风,以此反对资本主义的"香风妖雾"的腐朽生活方式之侵袭。他说:"我们要改造世界,而不要被旧世界所玷污。"②这里拟从勤俭办学和生活朴实两个方面来谈论徐特立勤俭朴素的感人事迹。

1937年1月29日,朱德在给徐特立的一封信中说:"徐老头,你是一个革命职业家,你是一个老共产党员,又是一个教育家。你一生能勤工俭学,能吃苦耐劳,反抗社会不平制度,并要征服自然,你是一个百折不屈的老革命家。"③本来,勤俭是我国人民的优良传统,勤俭办学正是徐特立的最大办学特色。可以说,他所创办的学校,基本上都是白手起家、因陋就简、艰苦创业而奋斗出来的。他自己讲:"我一生办学校,就是靠的勤俭办学。""我受祖母的治家教育最深刻,我一生刻苦,和我妻能在20岁以后脱离我独持家政50年,都和祖母的教导有关。我离家时曾将一个高级小学的事务工作交给我妻,13年来她一直坚守岗位,不独教育了我的儿女,且教育了地方子弟。我的收入除自己一家生活费用外,不事积蓄,均用在买书和办学上。妻子不随我住长沙城,他们住乡间,这样可以节省好多费用。我谢绝了一切应酬,朋友们也很谅解。抗战期间,我到长沙工作两年,只开支五元酒席费,为宴请法国记者。节俭是我自小养成的生活习惯。""我自己没有财产,也没有办公欠过钱,有什么能力创办学校呢?我的办法就是每日多上课两小时,一月多得六十元,分给两个高小用。家人留在乡下节省日用,谢绝一切应酬,绝对不请朋友吃酒肉和茶点。""小学不收费用,师范收费减少到一般私立学校之下。改良教法,自己做刻苦的模范,这样来发动教员和学生爱校的情绪,增加他们的积极性和人力上物质上的一切帮助。"我们党办学的历史,也是勤俭办学的历史。"'过去陕北在战争中受着经济封锁,学生买不到纸笔墨,就用木盘装着泥土,用木棒或手指在土中写字;没有书籍,教员抄写在黑板上,学生在土盘练习;黑板桌椅一概没有,还建立了四百三十个小学校。鲁迅师范学生三百余人,没有费一文钱的开办费,而教室和自习室里的板凳是由学生从河沟弄来的石

---

① 湖南省长沙师范学校编:《怀念徐特立同志》,长沙:湖南人民出版社,1979年版,第35页。
② 湖南省长沙师范学校编:《怀念徐特立同志》,长沙:湖南人民出版社,1979年版,第46页。
③ 武衡、谈天明、戴永增主编:《徐特立文存》(第一卷),广州:广东教育出版社,1995年版,第132页。

板做的。'抗大的窑洞差不多全是学生自己挖的,艰苦创造的作风是革命的特色。"①他说:我们就是"依靠自己的双手,去创造条件,克服困难,靠自力更生,勤俭节约的精神,把我们的学校办起来"②。

早年徐特立曾担任过长沙县立师范、湖南省立第一女子师范和长沙女子师范三所学校的校长,还当过湖南省孤儿院的院长,是各校竞相聘请的名教员,但他始终保持简朴的生活。当时,很多一般中学的教员到学校去上课,往往都坐轿子,显出一派绅士派头。而徐特立晴天穿着布衣布鞋、戴一顶旧帽子,雨天撑把雨伞,穿一双钉鞋,夹着讲义讲稿,穿巷过街,从不坐轿,以致一些所谓的上层人物觉得很看不顺眼,认为他古怪、寒酸,是一个不会享受、不会做人的傻子,讽刺地叫他"徐二叫化"③。但知情的人,却总是投来敬佩的眼光。

徐特立曾到日本参观、考察,到法国学习,知晓资本主义国家办学校的那套形式和排场,但他办学校却不拘于形式、不讲排场,总是因陋就简,努力用穷办法来办好学校。在长沙师范任校长时,他千方百计节省家庭和个人开支以支持办学。每次从城里回家50多公里的路程,他从不坐轿,都是步行,只带些红薯片在路上作午餐之用。长沙女子师范是私立学校,条件更加艰难。作为校长的徐特立同时还兼教员和勤杂工。1925年春,作为湖南省立第一女子师范校长的徐特立想为学生设置一个适用的化学实验室,可是经费很紧张,于是他经常跑废品店,选购一些可以装备化学实验室的破旧物品。他经过几个月的仰取俯拾,一个花钱不多而又适用的化学实验室建成了。他常常把别人丢掉的粉笔头捡起来,装在口袋里备用,有学生问他为什么要捡起这些没用的东西,他说:"碎粉条仍可写字,抛弃岂不可惜?积少成多,积小成大,也可节省一些办公费用。"④为此,他还特地写过一首"黑板诗":"半截粉笔尤爱惜,公家物件总宜珍。诸生不解余衷曲,反谓余为算细人。"⑤耐心地教育和开导学生要节约和爱惜公物。正因为徐特立办学大

---

①吉多智、李国光、戴永增主编:《徐特立教育学》,广州:广东人民出版社,1990年版,第340—341页。
②湖南省长沙师范学校主编:《徐特立传》,长沙:湖南人民出版社1984年版,第155页。
③梁堂华:《圣人风范徐特立》,北京:中国文联出版社,2010年版,第228—229页。
④梁堂华:《圣人风范徐特立》,北京:中国文联出版社,2010年版,第230页。
⑤武衡、谈天明、戴永增主编:《徐特立文存》(第一卷),广州:广东教育出版社,1995年版,第80页。

多为白手起家,因陋就简、修修补补、艰难建校,别人送给他一个绰号"徐二镥锅"①。对此,毛泽东和他的同学周世钊论及此事,曾说:"徐先生办长师,不顾利害,不怕困难,牺牲自己的一切,干别人不敢干的事情。这是那些自命聪明、善于算计的人不肯做的,所以笑他傻。徐先生常常把方便让给别人,把困难担在自己肩上,惯于摆烂摊子,顶烂斗笠,在没有一间房子,没有一个钱的情况下,居然创办一所规模不小的师范学校,这真有镥锅的精神。这种对他的讥笑,实际上是对他的赞扬。"②

曾国藩③说过:"天下事,未有不由艰苦中得来,而可大可久者也。""身勤则强,逸则病。家勤则兴,懒则衰。国勤则治,怠则乱。军勤则胜,惰则败。惰者,暮气也,当常常提其朝气。"④其实,徐特立不但自己坚持勤俭节约,而且教育学生要勤苦创业。对此,谢觉哉在《特立同志六十初度》中称道:"独辟名山业,慈祥号外婆。友朋为助少,寒唆及门多。海纵由涓滴,山须赖斧柯。"⑤徐特立在湖南第一师范教修身课时,经常以一些古今优秀人物的事迹为例,结合自己的切身体验,来教育学生树立艰苦创业的精神,对毛泽东、蔡和森等青年学子产生了深刻的影响。在延安自然科学院艰苦的条件下,徐特立勉励大家要"用勤俭克服贫困,以整洁维持精神"。⑥就这样,徐特立不惧艰难、勤俭办学,创办和发展了梨江高小、五美高小、长沙师范、长沙女子师范、湖南省立第一女子师范等一所又一所的学校,至今仍传为美谈。

事实上,徐特立不仅勤俭办学,在生活朴实上也堪称为人师表的典范。他出生于一个贫寒农民之家,12岁时过继给伯祖母做孙子。祖母勤劳节俭,颇善治家,给徐特立以深刻影响。成年后,无论在家里还是在学校,无论是在国内或是

---

① 梁堂华:《圣人风范徐特立》,北京:中国文联出版社,2010年版,第230页。
② 湖南省长沙师范学校编:《徐特立传》,长沙:湖南人民出版社,1984年版,第45页。
③ 曾国藩(1811—1872),湖南湘乡人,近代政治家、军事家、理学家、文学家,与李鸿章、左宗棠、张之洞并称"晚清四大名臣",是中国近代史上最有影响的人物之一。
④ 蔡锷辑录:《曾胡治兵语录》(增补本),桂林:广西师范大学出版社,2007年版,第98页。
⑤ 武衡、谈天明、戴永增主编:《徐特立文存》(第一卷),广州:广东教育出版社1995年版,第133页。
⑥《延安自然科学院史料》编辑委员会:《延安自然科学院史料》,北京:中共党史资料出版社、北京工业学院出版社,1986年版,第639页。

在欧洲勤工俭学、在苏联学习,也无论是作为校长、院长、教员,还是教育部长、厅长,无论是作为八路军高级参议还是中宣部副部长,直至中华人民共和国建立之后担任中央人民政府委员、全国人大常委,徐特立始终过着朴素的生活。即使中华人民共和国成立后他到了北京,环境变了,生活条件改善了,但他仍然坚持朴实的生活作风。他经常穿一身普通的干部服装,一件旧大衣补了再补仍继续使用,有关部门几次按规定给他换新的,他坚决不肯。徐乾回忆:"他的衣服烂了,想替他添置几件新衣,但他老一直坚持不同意,说破烂了,补一补还可以穿。"①后来,徐乾请人给他做了一套毛料服、买了一双皮鞋。但徐特立平时不穿,每次参加宴会或接待外宾才临时换上,回来后立即脱下来,换上布衣服和布鞋。②他吃的也不讲究,坚持主杂粮搭配,常常是每餐几块白薯,一碟青菜,素餐便饭。他深知:"奢能折富,俭可养廉。由俭入奢易,从奢入俭难。""当家才知柴米贵,养子方知父母恩。常讲有时思无日,莫把无时当有时。"一生不吸烟、不喝酒,每天只泡一杯清茶;喝茶也不过量,一直喝到深夜还是这杯茶,实际上和白开水一样,早已没有茶味了。因此,徐特立在生活朴实方面真正实践了他自己讲的"教员可以做个活书本"。③

二、"把所有及劳动所得,尽数贡献于社会"

老一辈无产阶级革命家习仲勋④曾这样评论徐特立:"我们都知道,徐特立同志是在1927年蒋介石背叛革命,很多共产党员人头落地,不少动摇分子纷纷脱党和隐退的紧急关头,毅然决然地走到我们党的队伍中来的。这不仅显示了他有惊人的革命胆略,更重要的是表明他有坚强的共产主义信念。这是难能可贵的。在革命低潮的时候能够看到光明的前景,当白色恐怖极其严重的时候,能够挺身而出,同党和人民一起去斗争,这是只有真正的共产党人才能做到的。现在很有

---

① 湖南省长沙师范学校编:《怀念徐特立同志》,长沙:湖南人民出版社1979年版,第111页。
② 湖南省长沙师范学校编:《怀念徐特立同志》,长沙:湖南人民出版社,1979年版,第188页。
③ 武衡、谈天明、戴永增主编:《徐特立文存》(第三卷),广州:广东教育出版社,1995年版,第133页。
④ 习仲勋(1913—2002),陕西富平人。陕甘边区革命根据地的主要创建者和领导者之一。曾任广东省委第一书记、省长,国务院副总理,中共中央委员会书记处书记、政治局委员,全国人民代表大会常务委员会副委员长等职。

必要在我们的同志中间唤起这种精神,在青年中间发扬这种精神。我们的同志特别是青年们一定要有理想,有志气,富于自我牺牲精神,全心全意地为我国的社会主义现代化事业服务,绝不让追逐个人私利的庸俗习气侵蚀到我们的队伍里来。"①

徐特立之所以一生过着极其简朴的生活,其目的就是为了节省一切可能的开支,多为国家、为社会、为革命做贡献,真正如友人所称道的,徐特立"把所有及劳动所得,尽献于社会,而自己却过着类似叫化的生活,这不是寻常人可能的"②。1951年他自己也说过:"我的节俭作风自儿童时代养成至今,已成了天性。我一生节衣缩食,勤俭朴素,当时才能做些社会事业,后来参加革命就能艰苦奋斗,克己为公。"③"创业难,守业亦难,须知物力维艰,事事莫争虚体面,老老实实,勤俭建国,发愤图强。"④徐特立为《长沙日报》的这几句题词,正可谓他一生廉洁奉公的写照。

徐特立一生不事铺张,不图虚名,从来不请客送礼。他早期在长沙是各校争聘的名师,兼课钟点多,收入不在少数,但他除了开支一家的生活费外,不事积蓄,均用在买书及办学校,因此就能谢绝一切应酬,得到朋友谅解而不受家人责备。⑤1925年,徐特立被任命为湖南省立第一女子师范学校校长。学校照例派一个勤务员为校长料理生活琐事,却被他拒绝。他说:"有些事可以自己动手,专为校长配勤务员是一种浪费,让他为学校去办事吧。"⑥在八路军驻湘通讯处,为开展抗日民族统一战线工作,徐特立要经常与社会各界特别是一些上层人物,包括国民政府的张治中、何键等打交道,但他也是一身朴素——身穿八路军的粗布军装,撑一把雨伞,徒步在城中奔走,不熟悉他的人还以为他是军中的老伙夫。有一次,徐特立去赴张治中之约,走到省政府门口却被门卫挡住了,说:"今天张主

---

① 中共中央党史研究室编:《习仲勋文集》(下卷),北京:中共党史出版社,2013年版,第750页。
② 王云风主编:《徐特立在延安》,西安:陕西人民教育出版社,1991年版,第52页。
③ 湖南省长沙师范学校编:《怀念徐特立同志》,长沙:湖南人民出版社,1979年版,第111页。
④ 湖南省长沙师范学校编:《怀念徐特立同志》,长沙:湖南人民出版社,1979年版,第112页。
⑤ 湖南省长沙师范学校编:《怀念徐特立同志》,长沙:湖南人民出版社,1979年版,第111页。
⑥ 湖南省长沙师范学校编:《怀念徐特立同志》,长沙:湖南人民出版社,1979年版,第110—111页。

席会见八路军代表,其他人免进。"徐特立解释说自己便是八路军代表,门卫看他那样子,不但不相信,而且把他轰走。张治中久等不至,派人再往相请,得知个中原委后,对比国共两党不同的干部作风,对共产党人朴实奉公的精神佩服不已。在驻湘通讯处,徐特立还会见过郭沫若、茅盾、蔡炎培、张西曼、赵君迈等社会名流。徐特立和他们以诚相见、坦率交谈,但接待他们的总是清茶一杯,从不请客送礼。唯一的一次例外是,法国记者西蒙夫妇来访,徐特立请他们吃过一顿便饭,花了五元钱的接待费。①

据徐乾回忆,徐特立一生没有任何不良嗜好。除了从事教育和革命工作之外,就是孜孜不倦地学习。只有爱书,成了他的一种癖好。他经常教导青年说:"有关家国书常读,无益身心事莫为。"在这方面,正如他廉洁奉公一样,他真正做到了学而无厌、诲人不倦、言传身教、身体力行,并提倡不动笔墨不读书,要求精读与博览相结合,坚持学以致用。②1957年,徐特立八十大寿。他为了避免北京方面同志们的祝贺,借着出席湖南省人民代表大会的机会提早离京来湘。但是,长沙方面知道他生日的学生很多,建议设宴、茶叙,以表欢庆,都被他拒绝。他说:"去年有些地方遭受严重的水旱灾害,人民生活困难的还多,中央正大力提倡增产节约,勤俭建国,我们怎可为了个人的生日,浪费人民财物呢!"③

诚如在徐特立追悼会上中共中央的悼词所说,徐特立"在思想作风和工作方法上,坚持辩证唯物主义和历史唯物主义,反对形而上学和唯心主义;他深入调查研究,一切从实际出发,实事求是,不自以为是,反对迷信,痛恨官僚主义和铺张浪费;……他为人和蔼可亲,平易近人,勤俭节约,艰苦朴素;他有着毫不利己,专门利人,廉洁奉公,助人为乐,从不计较个人得失,全心全意为人民服务的革命精神和共产主义精神。他是全党自我牺牲的模范,艰苦奋斗和遵守纪律的模范"④。

纵观徐特立为人师表的典范人生,不仅是"一切革命党人与全体人民的模

---

① 王云风主编:《徐特立在延安》,西安:陕西人民教育出版社,1991年版,第52页。
② 李龙如、李暄主编:《一代师表徐特立》,长沙:岳麓书社,1998年版,第340页。
③ 湖南省长沙师范学校编:《怀念徐特立同志》,长沙:湖南人民出版社,1979年版,第102页。
④ 湖南省长沙师范学校编:《徐特立传》,长沙:湖南人民出版社,1984年版,第208页。

范"①,是"光荣的一生,革命的一生,伟大的一生"②,而且是勤俭朴素、廉洁奉公的一生。他的好友谢觉哉称颂他是"超人的俭朴者",并在写给他七十大寿的贺信中说:"没认识你之前,就听到你的许多事实,当时使我感动很深的,是你的徐二外婆、徐二叫化外号。你对青年男女,像外婆对外孙女一样的母爱——纯真而又勇敢的母亲;你把所有及劳动所得,尽数贡献于社会,而自己却过着类似叫化的生活,这不是寻常人可能的。"③这样看来,徐特立——为人师表的典范,的确不是寻常人,而真是"当今一圣人"!

---

① 中共中央文献研究室编:《毛泽东书信选集》,北京:人民出版社,1984年版,第99页。
② 湖南省长沙师范学校编:《徐特立传》,长沙:湖南人民出版社,1984年版,第208页
③ 王云风主编:《徐特立在延安》,西安:陕西人民教育出版社,1991年版,第52页。

第六章

"活到老,学到老"
——终身学习的典范

1949年,年逾古稀的徐特立雄心勃勃地制定了一个20年学习工作计划,图为徐特立在学习

师德楷模徐特立

徐特立出身贫寒，一生中所接受的比较正规的教育就是读了6年私塾，但最终却成为杰出的无产阶级教育家，桃李满天下，这不能不说具有传奇色彩。在这传奇的背后，原因其实也并不复杂，其中非常重要的一点就是徐特立有着一种谦虚好学、终身勤奋学习、永不满足的精神。

纵观徐特立的一生，他没有任何不良嗜好，除了从事教育工作和革命工作外，就是孜孜不倦地学习、读书。他抓紧一切可以利用的时间，认真读书、学习，从少年到老年，从国内到国外，无论是硝烟弥漫的战争年代，还是工作繁忙的和平时期，他总是学而不厌。即使生病住院，在医院里也是一边治病一边坚持学习；即使到了晚年，他渴求新知识的迫切心理，仍然超过许多青壮年。他不仅从书本上学习，还向社会大课堂学习、向实践学习、向他人学习，真正做到了活到老、学到老，生命不息，学习不止，在学习方面为后人留下了一本没有字的珍贵教科书。

第一节　终身勤奋求学

有关家国书常读,无益身心事莫为。

——徐特立

我认为学习是没有年龄限制的。

——徐特立

参加新的斗争,就要有新的知识。要是不学习,思想一停滞,人就真的老了,只要不断学习,就永远不会衰老。

——徐特立

吸取无所限,到老犹磅礴。

——董必武

你比许多青年壮年党员还要积极,还要不怕困难,还要虚心学习新的东西……你是懂得很多而时刻以为不足。

——毛泽东

徐特立同志光辉的一生,确实是"活到老,学到老,改造到老"。他上了年纪以后,并无半点懈怠,还是孜孜不倦地钻研新知识、新事物。他总是与时俱进,以"作一个进步的老人"自勉。

——习仲勋

他又红又专,学识渊博,通晓哲学、社会科学和自然科学;他懂得很多却时刻以为不足,做到了活到老,做到老,学到老,革命到老;言传身教,教育了几代青年,桃李满天下,不愧为人民师表。

——在追悼徐特立大会上中共中央的悼词

一、年少时就读私塾

徐特立出生于湖南省长沙县五美乡(今属江背镇)荷叶塅一个贫苦农民家庭。4岁的时候,母亲就因长期劳累过度而去世了。在苦难的环境下,他度过了自己的幼年时代。在他9岁的时候,因为不识字而吃尽种种苦头的父亲,想方设法筹了一点钱,送他到附近的一家私塾,启蒙读书。

当时的私塾,教的内容主要是考科举用的"四书五经"等,教学方法也很简单,基本上就是读诵、背记。至于书中所讲的意思、道理等,先生一般是不大讲的,有些先生自己也不懂,更不知怎么讲了。这样的话,学生只能跟着先生一遍又一遍地读诵背记。年少的徐特立对这种学习一点不感兴趣,认为读书太没意思了。不久,换了一位教书先生。他喜欢给学生讲一些浅显易懂、切实有用的文章。一天,他教学生读明朝忠臣杨继盛写的一篇文章。杨继盛为人正直,因为揭发奸臣严嵩的罪行,受到陷害,被捕入狱。这篇文章就是他在临刑前写的遗嘱。文中,他谆谆告诫两个儿子:

> 心为人一身之主,如树之根,如果之蒂,最不可先坏了心。心里若是有天理,存公道,则行出来便都是好事,便是君子这边的人;心里若存的是人欲,是私意,虽欲行好事,也有始无终,虽欲外面做好人,也会被人看破你,如根朽则树枯,蒂坏则果落,故要你们休把心坏了。

> 与人相处之道:第一要谦下诚实,同干事则勿避劳苦,同饮食则勿贪甘美,同行走则勿择好路,同寝睡则勿占席。宁让人,勿使人让我;宁容人,勿使人容我;宁吃人亏,勿使人吃我亏;宁受人气,勿使人受我气。人有恩于我,则终身不忘;人有恶于我,则即时丢过。见人之善,则对人称扬不已;闻人之过,则绝口不对人言。

> 见一件好事,则便思量,我将来必定要行;见一件不好的事,则便思量,我将来必定要戒;见一个好人,则思量我将来必要学他一般;见一个不好的人,则思量我将来切休要学他,则心地自然光明正大,行事自然不会苟且,便为天下第一等人矣。

这封家书,感人至深。徐特立读着读着,感动得掉下了眼泪,思绪久久不能平静。从此,他逐渐对读书产生了兴趣。

徐特立9岁入蒙馆,读了6年私塾,朱柏庐的《治家格言》和杨椒山的《遗嘱》对他影响很深。

12岁的时候,徐特立过继给伯祖母做孙子。伯祖母很快给他娶了一个小他10个月的童养媳熊立诚,一家三口勤俭度日。伯祖母家虽不富裕,但稍有财产。在伯祖母教导下,熊立诚在家操持家务,而徐特立继续读私塾。15岁那年,伯祖母因病去世,徐特立被迫辍学,6年的私塾生活就此结束。

二、断然破产读书

伯祖母去世后,年少的徐特立与妻子熊立诚支撑起了整个家业。

但是,应该选一项什么职业来养家糊口呢?为此,徐特立摸索了长达3年。最初,他想继承祖父的"衣钵",学习中医,因为他已经读过一些书、识了不少字,在农村也算是个小知识分子了。他把祖父的医书翻出来,用心研读,但因找不到老师指点,不少地方读不懂,特别对于十八脉的差别,尽管十分用心,但总是分辨不清楚。又想到学医是关系到别人生命安危的,千万不能随便,唯恐误人自误,于是放弃了行医的念头。

后来,他又曾想以卜卦算命为业,反复琢磨那些卦辞,发现算命人的话大多是"两可的骑墙语",大多时候是糊弄人的,"由此判定阴阳家都是走江湖的骗子",于是决定不再理会。

这时候,少年徐特立深感人生的艰辛,甚至曾想过当和尚,及早遁入空门,去过与世无争的生活,但后来他发现不少寺庙等级森严,而且明争暗斗,与世俗社会没有太多差别,从而放弃了皈依佛门的打算。

就这样,为了找到一项合适的职业,徐特立混混沌沌摸索了几年。18岁时,

师德楷模徐特立

他终于做出了一个决定——"确定教书兼习科举业",这就是一边在家乡收学生教蒙馆,一边自己勤奋读书;一边养家糊口,一边准备参加科举考试。

自此,徐特立白天教书,晚上或者到七八里外的经馆,听王砚秋先生讲授"四书五经"和八股文,或者在家埋头苦读,勤奋学习,这样坚持了两年多时间。

然而,徐特立很快遇到了一个难题——无书可读。家里本来就没有什么藏书,借书不容易借到,买书又买不起:一部《十三经注疏》要15串,一部《庄子》也要300文,而他第一年教蒙馆所得俸金才不过3串钱,尽管后来逐渐增加到20串钱,仍是难以购置书籍。

面对这种情况,徐特立经过反复考虑,下决心做出了一个计划——"十年破产读书"。这就是,将每年教书所得的20串钱(可买25石谷),作为家里的生活开支,而将祖母留给他的几亩薄田,逐年变卖,专门用来买书。争取花十年时间,把书读通,但这样也就势必破产。

徐特立这一计划的做出与实施,充分显现了青年徐特立的过人胆识与决心。因为面对这种情况,大多人都可能为守家业而勉强度日;相反,如果祖辈留下的财产特别是田产不能保住的话,那会被人称为"败家子"。所以,有人看着徐特立卖掉田产去买书,笑他傻,说田产才是好东西,买那一堆堆的书有什么用?徐特立不顾讥笑,在征得妻子同意后,果断地开始实施这一计划。

与一般读书人有所不同的是,徐特立读书首要的目的是求学问,做一个读书明理的人,其次才是考科举。因此,他不仅博览经、史、子、集,也阅读传播西方文明的新书刊,只为求得真知识。徐特立后来这样回忆:"我从二十岁到三十岁时,面前摆着习科举和求学问的歧途,又摆着或破产购书,或守财不学这两个歧途,要我抉择。我终抉择了其中之一,结果证明做对了。"弱冠之年的徐特立做出的这一决定,显现出不同于一般人的魄力与决心。

这样坚持下来,徐特立不但把中国的古典书籍如经、史、子、集等都涉猎了一番,并进一步接触了当时刚传进中国的一些现代科学书籍,如物理、化学、数学等自然科学以及历史学、社会科学,为以后的教学工作打下了扎实的基础。

三、而立之年赴日考察

1910年,徐特立年已33岁。这时,他已经在周南女子中学、修业学校等地任教多年,由于知识渊博、讲课生动,教学成绩卓著,深孚众望,有着较高的社会地位,但他并不耽于现状,而对于学校保存旧制和照搬东西洋教学制度的做法,一心希冀改革。

为此,徐特立利用课余时间,走访了长沙、善化、浏阳等县的许多中小学教师,同他们交换改革教育的意见。但他发现,在当时那种风云变幻、国家动荡不安的年代,真正有志于教育改革的人并不多,大多数人不过将教书作为一个职业、一种谋生的手段。抱着这样一种心态从事教育事业,怎么可能唤起民众意识、提高国民素质、达到教育救国的目的?徐特立昼夜思索,觉得自己应该把教育改革的重任担当起来。但是,究竟应该怎么改呢?他决定先到江浙一带教育相对发达的省份去考察,如有可能,再去日本考察、研究中小学教育。他把这一想法告诉了好朋友、同时也是周南女子中学校长的朱剑凡。朱剑凡马上表示支持,同意他辞去周南女校的教学工作,并出资相助,促其成行。

就这样,1910年春节过后,徐特立踏上了前往上海的路程。这是他年满33岁后的第一次出省。他乘木船离开长沙,经岳阳,到汉口沿江直下洞庭。木船在岳州城边停泊了,改乘轮船到了上海,参加了江苏教育会在上海举办的单级小学教师训练班。入学那天,训练班的俞子夷[①]、杨月如[②]两位教师,见到这位年龄比自己还大的学生,不禁感到惊讶,一问才知道他是湖南有名的中学教员,是自费来上海专门考察小学教育的,深感敬佩。

[①] 俞子夷(1886—1970),江苏吴县人,中国近现代教育家。早年参加光复会,积极从事反清活动,曾在小学、中学、师范、大学任教,1949年后历任浙江大学教授,浙江省教育厅副厅长、厅长,中国民主促进会中央委员,杭州市民进主委等职。

[②] 杨月如(1873—1916),上海金桥人。1902年赴日留学,年底回国从事师范教育,参与创设上海速成师范讲习所、初等小学师范传习所及师范补习科。民国成立,担任江苏省立第一师范学校校长。1915年4月,奉教育部电召到京,会商编审教科书,因车祸于1916年1月去世。编著校阅有《师范讲习科用修身教科书》《师范中学修身礼仪法》《欧美公德谈》等20余种。

师德楷模徐特立

徐特立一边参加训练班的学习，一边利用课余时间，到上海各处的小学校访问调查，学习他们好的办学经验。例如，在走访杨伯明先生主持的城东女校时，他对杨先生因陋就简的办学精神非常赞赏。杨先生把堂屋当课堂，把茶几做讲台，把堂前照壁当宣传栏，贴上许多新闻资料让学生阅读；利用木笼，摆放学生不能带进教室的东西。杨先生本人既当校长，又当教员，除教国文和缝纫技术外，还要编辑杂志，一身数任。徐特立认为这种勤勉、艰苦的办学精神，是非常值得学习和发扬的。还有一个地方是郊区的万竹小学。徐特立看到这所小学的教师和学生家长之间关系亲密：教师到学生家里去，坐在矮凳上聊天，随手尝尝门外晒的腌菜，没有半点怕脏的意思。他认为这是密切学校与家庭联系的一个重要方法。他还对这所小学在运动会上发的奖品很感兴趣：一小篮子荸荠，用绿叶、红纸盖着，相映成趣，既经济，又好看，获奖的同学很高兴。

在上海的四个多月时间里，徐特立几乎每天都去进行这样的考察，甚至放弃了训练班的一些课程，以致后来考试没有及格。他后来回忆："我好参观在上海的各种教育活动。无论哪里开运动会、开展览台等我必到，每天五六小时的课，至多我上四小时就跑了，去进行我的参观考察工作。"这使他受益匪浅。

训练班的俞子夷先生在日本留过学，是日本鸿文训练班学生。他见徐特立一心学习先进的教育理念，多次和他谈到日本教育发达的情况，鼓励他到日本去考察。

1910 年 7 月，徐特立从上海启程，乘船到达日本东京。在东京，他发现湖南籍的留日学生中有不少熟人，有的是他的学生，有的是他的朋友，这使他在日本的活动获得不少方便。在他们的帮助下，他认真阅读了一些介绍日本教育的书籍，如《小学校事汇》《三千个优良小学校》等，并根据这些书提供的情况和线索，先后用近两个月的时间，实地考察了一些学校。其中，实践女学校和东京鲛桥小学是他重点考察、学习过的两所学校。

实践女学校是日本近现代史上一所著名的女子学校，校址在东京，创办于 1899 年，创始人是日本教育家下田歌子。该校曾宣称"以促进中国现代女性奉行'东洋女德'为己任"，自 1900 年起，积极招收中国女留学生，对中国教育近代化特别是女子教育事业的发展，产生了较大的影响。据记载，该校 1902 年就有中国留日女学生十余人;1904年11月应湖南之请特意设置清国留学生部,首开日本教育界正式招收中国女留学生的风气;自1905年7月开始陆续接收中国各省的官派以及自费赴学的留学生(其中包括著名女革命家秋瑾①),逐渐成为日本接受中国女子留学教育的中心学校。在1907年中日两国代表共同召开的中国留日学生教育协议会上,实践女学校作为唯一女校被指定为留学生教育学校。1909—1910年,实践女学校对于中国留学生的教育处于顶峰时期,共有200余名中国留学生入学,其中98人次毕业,占中国留日女学生毕业总人数的80%以上。1912年后,中国女留学生开始进入东京女子高等师范学校、高等蚕丝学校、女子医学专门学校等高级、专科学校学习,实践女学校的影响逐渐减小。1910年徐特立到实践女学校参观、考察的时候,正是该校中国女留学生教育鼎盛的时期。

实践女学校十分注意人力、财力、物力的节省和工作效率的提高:一是人员方面的精简。实践女学校的行政人员就只有校长下田歌子一人,其余都是教员。校内的日常事务全部由学生自理,因此学生也就是工作人员。二是学校设施的充分利用。实践女学校的房屋大多是一室多用,其他设备也是如此,能比较充分地发挥效用。例如学校只有露天操场,一旦下雨学生就没有地方活动,他们就把缝纫教室里的工作台搬走,作为临时室内操场。三是课程设置注意符合实际需要,如开设家政课程之类,并引导学生将学到的知识用于实践,整个学校环境整洁清雅,井然有序。徐特立非常赞赏这位精明能干的女校长,认为她的办学经验值得学习和在国内推广。这就是,在国家财力物力都十分贫困的情况下,要用最大的节约,来办效益最高的学校,以便加快速度改变国民教育,提高中国民众的文化水平,唤醒中国民众的觉醒。

徐特立还认真考察了位于东京新宿区的鲛桥小学。这所学校针对不少学生是工厂里的小徒工、上下班时间不统一这一实际情况,设立二部和三部。二部上、下午开两班课,三部上、下午开三班课,从而方便学生不管什么时间下班都能读书。教员不够,就一人兼做两个人的工作,并由学生充当助教。徐特立非常赞赏这种根据学生实际情况安排授课时间、办学形式灵活多样的做法。

---

① 秋瑾(1875—1907),女,浙江绍兴人,近代民主革命志士。曾留学日本,1905年加入中国同盟会,1907年1月在上海创办《中国女报》,3月间回绍兴,与徐锡麟等创办明道女子学堂。1907年7月于浙江绍兴古轩亭口英勇就义,年仅31岁。著有《秋瑾集》。

1910年10月,徐特立怀着不虚此行的心情,高兴地回国,经上海,返回长沙,结束此次对日本教育的考察。

四、不惑之年勤工俭学

1919年7月,已在长沙从教20多年,并担任过湖南省临时议会副议长以及长沙师范学校校长的徐特立,为求成为"一个有学问的新人物",决心赴法勤工俭学。

临行前,一些亲戚朋友劝他说:"你这么大年纪了,何必还要跑到法国去做学徒,当个扶拐棍的老学生呢?"

徐特立回答:"你们都说年纪大的人不用再求学,这不对。要懂得,年纪大的人大多数在社会上有些权柄,倘若全不求学,不增进新的学识,那么,社会上就会受害不少……"

亲友惊奇地说:"你现在不是很有学识了吗?"

徐特立笑笑说:"我现有的学识,还大大不够用。我今年四十三岁,不觉就到四十四、四十五,一混六十岁来了。到了六十岁,还同四十三岁时一样无学问,这一十七年,岂不冤枉过了日子?这一十七年做的事情,岂不全无进步了?到了六十岁时来悔,那就更迟了,何不就从今日学起呢?"

就这样,徐特立跟着一批十几二十岁的青年们,一起乘上一艘开往法国的邮船,驶离上海码头,开始了他的勤工俭学之路。

11月,当他到达法国马赛时,华法教育会派来接待的人,看到这位年纪大、声望高的湖南教育家竟然也和年轻人一起来法国做工,感到非常惊讶。主持华法教育会的李石曾[①],还特地单独约见了他。

[①]李石曾(1881—1973),河北高阳人。近代教育家,故宫博物院创建人之一。1906年加入同盟会。曾任国民党中央监察委员、中央政治委员会委员、北京大学校长、北平研究院院长、总统府资政等职。早年发起和组织赴法勤工俭学运动,为中法文化交流做出了很大贡献。

到了法国以后,管理勤工俭学的人看徐特立年岁大,劝他住在校外,单独请人教,可以不过学校的集体生活。徐特立不愿意,他说:"我到法国来,原是想来了解一些法国学校的规则的;假若不住在校内实地观察,那怎么行呢?"在法期间,徐特立谢绝一切特别的待遇,坚持与年轻的同学一起生活、一起学习、一起做工。

为了学习法文,徐特立先进入木兰省立中学的法文补习班。这个补习班是专为中国留法学生而设立的,有60多人,除湖南学生外,还有广东、四川等地的学生。除他一人外,补习班的学生都是年轻人,担任补习班专职教师的洛西纽斯,也比他年纪小。

徐特立学习法文十分刻苦。由于年纪大,记忆力不大好,但他毫不服输。他说:"我今年四十三岁,一天学一个字,一年学三百六十五个字,七年可学两千五百多个字,到了五十岁时,岂不就是一个通法文的人吗?假若一天学两个字,到了四十六岁半,就可以通一国文字。我尽管笨,断没有一天一两个字也学不会的。"坚信"纵愚蠢,断没有一天学一字学两字也不能的"①。

为了学好法语,徐特立甚至向比他小得多的同学学习。他说:"只要学生不嫌我老,肯教我法文,我就算年老,也是一个进步的老人。"徐特立缺了两颗门牙,发音很吃力。为了纠正发音,他不但向老师、同学请教,还时常对碰到的法国小朋友说:"小朋友,我读一个音给你听听,我读得不对,你来纠正,好不好?"于是,他一遍又一遍地读着,一直读到小朋友点头说好,才肯罢休。②

当初和徐特立一起赴法勤工俭学的熊信吾,曾说过一个徐特立当年苦学法语的小故事。他说:"在木兰公学,我和徐老同住一个房间。一天晚上,我睡得正香,只听见一阵'嗦、嗦、嗦'的声音,我还以为是回到了故乡,谁在赶狗呢!起来一看,原来是徐老在睡梦中念着'石灰''白菜''热'三个同音的法文字。新中国成立后,有次我讲起这个故事,还笑着问徐老:'你那"石灰、白菜、热"三个法文字,分得清楚了吗?'他深有感触地说:'读书不用功夫不行啊!我那熟读、熟

---

① 武衡、谈天民、戴永增主编:《徐特立文存》(第五卷),广州:广东教育出版社,1995年版,第440页。
② 谷斯涌:《革命老人徐特立》,北京:中国少年儿童出版社,1980年版,第39页。

写、熟背的方法可真好!'在留法期间,还因为他老能下苦功夫,所以只用了七个月的时间,就把一些普通常用的法语掌握了,可以到工厂去做工,实行勤工俭学了。"①

对于徐特立的赴法勤工俭学,当时湖南的《大公报》曾刊登了一篇文章,加以热烈的称赞:"近来吾湘学界向外发展的势头很大,法国、南洋两方面去的人颇多,这是吾湘一点生机……其中我最佩服的还有两位:一是徐君懋恂(即徐特立),一是蔡和森的母亲,都是四五十岁的人,还远远地到法国去勤工俭学,真是难得哩!"

五、年已半百勤学马列

1927年8月,徐特立参加了著名的南昌起义。起义失败后,他先从潮汕脱险到香港,后又辗转到上海,再到武汉。根据中央的安排,徐特立原拟与贺龙、周逸群、国良、柳直荀组成五人领导小组,赴湘鄂西开辟革命根据地,发动群众,开展武装斗争,但是,徐特立不幸患了严重的肠胃病,终日腹痛腹泻不止,不得不留下养病。

1928年5月,徐特立病愈后,受党组织派遣,去苏联莫斯科中山大学学习。

莫斯科中山大学招收的都是中国学生,开设了初级班和中级班。大革命失败后,董必武、何叔衡、林伯渠、吴玉章、方维夏和徐特立等我党的一些老同志,都先后在这里学习。校方尊重这几位年高德劭的老人,专为他们增开一个高级班。这个班的学习内容偏重于对革命理论和领导方法的研究,旨在满足未来革命的需要。

这几位老同志态度都很谦虚,学习都很认真。徐特立的勤勉好学,给人们留下了极为深刻的印象。据当时同在中山大学学习的李伯钊回忆:"他为了深研马列主义的理论,不顾年老,还到这里来做一个老学生,这能不令人感奋吗?本来

---

①湖南省长沙师范学校编:《徐特立传》,长沙:湖南人民出版社,1984年版,第58—59页。

徐老对汉学就很有研究,并曾留学法国多年,知识很渊博,但他没有任何骄傲和自矜的表现;相反,却有着一种甘当小学生的学习精神。他的门牙缺了,读起俄文字母来,发音很难准确;记忆上也有困难,今天熟读了明日又忘了。但他从没有畏难的情绪,常常是一边在走廊上走动,一边咿咿呀呀地大声读着,每一个字母,每一个单词,都是一读就是几十遍甚至百多遍,直至完全记住了才止。由于他这样苦学,不多时间,也就有了显著的成绩。"

傅钟将军曾同徐特立在法国一起勤工俭学,这次在莫斯科中山大学又碰到一起了。他高兴地写信告诉还在法国勤工俭学的朋友:"我又同徐老在莫斯科一块儿学习,他老人家因肠胃病住院很久,卧病中,还终日看书。"一些在学校担任教学工作的年轻人如张闻天、沈泽民和吴亮平等同志,也深深感到徐特立和其他几位老同志,并不因自己年龄大、学识广而轻慢他们,相反,总是那么认真听课,恳切求教,虚怀若谷,令人钦敬。

六、六旬老人勤于学习

1940年底,徐特立从湖南返回延安,担任延安自然科学院院长。这是我党创办的第一所理工科大学。由于学院刚刚建立,教学条件和设施非常简陋。徐特立的工作非常紧张,他一边要考虑学校的建设和发展,同时还要挤出时间学习矿物学、地质学等新学科,组织编写这方面的教材,每天有做不完的工作,总觉得时间不够用。

那时候,徐特立住在杨家岭,开会、工作都要跑到山下,有一条下山的老路有台阶,但要绕个大圈子,徐特立嫌它远,走起来费时间,就另外开辟了一条新路,顶着陡峭的山坡直上直下,而且野草丛生。徐特立每次走完这条路,总得出一身汗,呼哧呼哧直喘气。他的秘书劝他说:"徐老,现在不是长征,后面没有敌人追你,何必这样急匆匆赶路,下回还是绕大路走吧。"徐老回答:"你不知道,我选的这条路,走起来吃力一些,但是能省时间,因为它的长度只有老路的三分之一。我们干革命的,争取时间很要紧。我挤出些时间来,可以多做不少事,多读不少书。"

有一次,徐特立因肠胃炎在中央医院住院治疗。一天,同志们去看望他,推开病房门一看,只见桌上摆着骷髅头,床旁吊着人体骨骼,病房变成实验室了。大家吃惊地问:"哎呀,徐老,你这是怎么啦?"徐特立笑眯眯地回答:"没什么,我这是利用医院现成的设备,抓紧时间研究点新学问呀!"结果,他住了二十来天院,又学会了一门新的知识——生理解剖学。[1]

1947年,因受到国民党军队的围攻,我军主动撤离延安。这一年,徐特立已经70岁了。离开延安的时候,组织上专门拨给他一辆用三头牲口拉的轿窝子,徐特立不肯接受。他说:"党关心我,但我现在还能走路,不用专门拨车子给我坐。"他想了一下,又说:"要么,就这样吧,'轿窝子'不要了,我就留下这几头牲口,驮运我的书吧!"

书是徐特立的宝贝,他有好几大箱书。有了几头牲口还是驮不走,他左思右想,终于想出来一个主意:每本书的边上,都有空白,把它切去,书的体积小了,分量轻了,不就可以多运走一些书了吗?主意拿定后,徐特立卷起衣袖,拿菜刀切,用剪子剪,手都磨出了泡。有人劝他别干了,他说:"这些书将来用处大着呢,我多切掉一点边,就能多带走几本!"

撤离延安以后,在动荡不定的行军途中,一停下来休息,徐特立就拿出书来看,有时候还就地采集和研究各种矿石标本。有些同志见他爬山越岭的时候,老爱捡些石头来敲敲打打,不明白他在做什么。徐特立告诉他们:"这都是矿石。我们现在趁早研究研究它,将来革命胜利了,要建设,便都用得上了。"徐特立就这样走到哪学到哪。他的警卫员知道这些石头大有用处,以后也热心帮助他,边搜集边学习,也学会了辨认好几种矿石。有一次,一个同志问徐特立的警卫员,他手里拿的发亮的石头是什么?警卫员回答说:"这叫石英石。"那个同志惊讶地说:"你这小鬼真不简单,还懂得不少呢!"警卫员说:"我跟徐老行军半个多月了,还会连这都不知道吗?"[2]

---

[1] 李龙如、李暄主编:《一代师表徐特立》,长沙:岳麓书社,1998年版,第379页。
[2] 谷斯涌:《革命老人徐特立》,北京:中国少年儿童出版社,1980年版,第42页。

七、古稀制定廿载计划

1949年3月,徐特立随中共中央机关进入北平,先后参与国共和平谈判、全国文化教育事业的接管等工作。在全国政协第一次会议上,他当选为中央人民政府委员会委员。1949年10月1日,他登上天安门城楼,目睹了毛泽东主席升起第一面五星红旗,聆听了毛泽东主席庄严宣告中国革命的伟大胜利,欢庆为之奋斗了近50年的革命理想终于成为现实。

这年,徐特立已经72岁,在常人看来实在可以颐养天年了,然而他却从不因年老而松懈。欢庆之余,他想到的不是革命大功告成,可以坐享清福,而是国家在经济、文化建设方面面临的艰巨任务。他在《祝吴老(指吴玉章)七十大寿》的诗篇里写道:"……百年殖民地,从此永完结。前途之艰巨,基本在建设。幸勿过乐观,成功在兢业。您我励残年,尽瘁此心血。"[1]表现出敏锐的政治眼光、对革命事业的高度责任感和"老骥伏枥,志在千里"的宏伟志愿。他对好友谢觉哉说,人一天没停止前进,就没有老,一旦停止前进就老了。徐特立年愈老而志愈坚,为了勖勉和策励自己,他制订了一个20年学习和工作计划,作为晚年的奋斗目标。他说:"我认为学习是没有年龄限制的"[2],"参加新的斗争,就要有新的知识。要是不学习,思想一停滞,人就真的老了,只要不断学习,就永远不会衰老"[3]。

徐特立老当益壮,朝气蓬勃地投身于新中国的文化教育事业。他担任了中共中央委员、中央人民政府委员、全国人大常委会委员以及中宣部副部长兼教育研究室主任等党政领导职务,并曾兼任党史资料室主任、中国历史学会和地理学会名誉主席。虽然年事已高,政务繁忙,但他亲自领导了《中国通史资料选编》的编写工作。据郭能雄等编写的《勤奋学习》记载:徐老在编写《中国通史资料选编》时,桌上堆满了各种参考书籍。不过,他年岁大了,记忆力不大好,尤其是历史年代,常记不住。他就把历史年表一大张一大张地抄出来,挂在屋子里,一进屋子,就看得清清楚楚。他睡觉前、起床后,常常对着墙壁朗读、默念,一直到记熟为止。

---

[1] 叶剑英等:《十老诗选》,北京:中国青年出版社,1979年版,第169页。
[2] 湖南省长沙师范学校编:《徐特立文集》,长沙:湖南人民出版社,1980年版,第106页。
[3] 谷斯涌:《革命老人徐特立》,北京:中国少年儿童出版社,1980年版,第44页。

1954年前,徐特立曾系统地学习和研究过党史、中国古代史、民族史、语言学、逻辑学,写了大量的读书笔记。1956年后,他又潜心钻研了政治经济学,并写了大量读书笔记。他还从头精攻中国语言学,钻研《米丘林学说》《苏联社会主义经济问题》等建设社会主义的理论。据董纯才回忆:1965年,徐特立已88岁高龄,因病住院,而在他病房的桌子上,却放着《毛泽东选集》一至四卷的大字版本,他还那样孜孜不倦地学习毛泽东著作。[1]董必武写诗称赞徐老:"吸取无所限,到老犹磅礴。"[2]

---

[1] 湖南省长沙师范学校编:《怀念徐特立同志》,长沙:湖南人民出版社,1979年版,第39页。

[2] 董必武:《董必武诗选》,北京:人民文学出版社,1977年版,第6页。

第二节 注重学习方法

> 学习要有方法和立场,要掌握正确的方法。
>
> ——徐特立
>
> 学习要有事业和职业的目的,换句话说,就是应该为工作而学习,不是以工作来帮助学习,而是以学习来提高工作的能力,加强工作的效率。
>
> ——徐特立
>
> 虚心向人们学习……是学习的第一等问题,是向学习开门的一个问题,如果这一问题不解决,那么,一切学习方法都成为无用了。……真正有学问的人没有不虚心学习的,无分古今中外,任何阶级,任何党派,都一样要向他们学习。
>
> ——徐特立
>
> 求学没有偷巧的办法,我用的是笨法子。我读书宁可少些,也要懂得透些。我读了书上的每一个字、每一句话以后,就闭着眼睛想想,这儿告诉了我一些什么知识呢?弄懂了,再读下去。这样读一本懂一本,才能牢牢记住。
>
> ——徐特立

徐特立在一生的学习中,非常注意运用正确的、良好的学习方法。他明确指出:"学习要有方法和立场,要掌握正确的方法。"①

青年时期的徐特立,确立走"读书兼习科举业"的道路,勤奋学习,虚心请教。有一次,他特地带了自己写的一篇比较满意的八股文,从五美步行 40 公里,赶到长沙城里,向一位有名的举人陈云峰先生请教。陈先生看过后,说他的文章有"一隙之明",并送他一把纸扇,上面写了一段话:"读书贵有师,尤贵有书。乡

---

①中央教育科学研究所编:《徐特立教育文集》,北京:人民教育出版社,1979 年版,第 182 页。

村无师又无书,但书即师也。张之洞的《书目答问》即买书之门径,《輶轩语》即读书之门径。读此二书,终身受用不尽。"后面还写了"勉哉勉哉"等语。①徐特立非常高兴,他听从陈老先生的指导,马上跑到长沙马王街的书店里,找到《輶轩语》和《书目答问》两本书,买了下来,作为自己读书的指南。他后来回忆:"我一生知道读书的方法,就得益于这位先生。"②

正是因为徐特立具有良好的学习态度、学习精神和学习方法,所以无论就读私塾,还是青年时期的刻苦自学,或者出省出国考察,他总能获益匪浅。

一、学习应有的态度

(一)"学习对每个人都不可缺少"

徐特立将学习视为生命的重要组成部分,认为:"学习对每个人都不可缺少,对青年人尤为重要"③,"青年就应该更积极地,更认真地努力学习,尤其是要在多方面的社会活动中去锻炼。"④

在主持八路军驻湘通讯处工作期间,徐特立曾为湘潭一位青年店员题写对联:"有关家国书常读,无益身心事莫为。"关心国家事、天下事,多读有益书,少做无益事,这历来是中国读书人的传统。徐特立特别期望青年后学有这样一种读书学习的精神,而这也正是他自己一生读书学习的真实写照。

(二)"为工作而学习"

徐特立指出:"学习要有事业和职业的目的,换句话说,就是应该为工作而学习,不是以工作来帮助学习,而是以学习来提高工作的能力,加强工作的效率。"⑤

---

① 湖南省长沙师范学校编:《徐特立传》,长沙:湖南人民出版社,1984年版,第10页。
② 武衡、谈天明、戴永增编:《徐特立文存》(第五卷),广州:广东教育出版社,1995年版,第337页。
③ 中央教育科学研究所编:《徐特立教育文集》,北京:人民教育出版社,1979年版,第306页。
④ 中央教育科学研究所编:《徐特立教育文集》,北京:人民教育出版社,1979年版,第269页。
⑤ 湖南省长沙师范学校编:《徐特立文集》,长沙:湖南人民出版社,1980年版,第259页。

换句话说,学习的目的是为了做好工作、做好事情。因为只有把"做事"放在第一位,学习才有目的、有中心,才有实际意义,才能真正把书读活,使之为我所用。徐特立反对"为学习而学习的学习和无计划乱抓的学习","以学习来提高工作能力,加强工作效率"①。在这里,工作是核心,学习要为工作服务,其实质也就是学以致用,不能所学非所用,所用非所学。

为此,徐特立非常强调学习要做到理论联系实际。学习马列主义要和中国革命实践相结合,学习别国建设经验和技术方法要和中国建设的具体条件相结合。"讲理论要与中国的事实结合,否则就是教条主义。"②在学习理论的过程中,徐特立强调"从用中学"。他说:"古人说'学以致用'是对的,但还应补充一句,就是'从用中学'。"③即在实践中学习,在运用知识的过程中学习,因为通过实践运用,能够加深对所学知识的体会,便于消化和接受,同时还能验证所学知识,使知识丰富起来。他说:"学习不能只学课本,把知识在实践中运用起来,才能丰富它。"④

为达到学以致用的目的,徐特立又提出"学习要有时代性"⑤。这就是说,学习的知识要符合时代的需要,能为现实的政治斗争和经济建设服务。基于这个思想,早在1945年,徐特立就高瞻远瞩地分析了中国将来要建成一个工业国家,需要科学技术人才,应当广泛地培养科学技术知识分子。而科学技术的学习和提高,对于青年来说尤其重要,因为他们是未来建国的主要承担者。对于广大青年来说,更需加紧学习,不放松任何机会,努力学习科学,提高文化,这样才能赶上建国的迫切需要。在全国解放初期,徐老针对我国由新民主主义过渡到社会主义的现实情况,再一次提出青年学习的迫切性和目的性。他说:"青年的学习问题,要从我们今天建设时期的青年的任务去看。我们今天的任务是要完成新民主主义的建设:经济的、国防的、文化教育的建设,进一步巩固新民主主义建设且铺平向社会主义前进的道路。"⑥因此,必须高度重视青年的学习,以便使他们

---

① 湖南省长沙师范学校编:《徐特立文集》,长沙:湖南人民出版社,1980年版,第259页。
② 湖南省长沙师范学校编:《徐特立文集》,长沙:湖南人民出版社,1980年版,第470页。
③ 湖南省长沙师范学校编:《怀念徐特立同志》,长沙:湖南人民出版社,1979年版,第85页。
④ 中央教育科学研究所编:《徐特立教育文集》,北京:人民教育出版社,1979年版,第288页。
⑤ 湖南省长沙师范学校编:《徐特立文集》,长沙:湖南人民出版社,1980年版,第259页。
⑥ 湖南省长沙师范学校编:《徐特立文集》,长沙:湖南人民出版社,1980年版,第547页。

能肩负起历史赋予他们的重任。

(三)学习应有正确的立场

徐特立指出:"在学习上,思想立场顶重要,只要你的立场是正确的,思想是新的,即使你读的是旧书,也能够从中得到知识和营养。"相反,"如果你立场错误、思想陈旧,即使你把马列著作背得烂熟,也只会变成一堆废品。"①

徐特立个人读书的范围非常广泛,他主张无书不读、无书不可读。早年家贫失学后,他通过自学,涉猎了经、史、子、集,同时也喜爱自然科学,自学了代数、几何、三角、物理、化学等学科的基础知识,这使徐特立的社会科学和自然科学知识都很渊博,但他并不自满。他经常抽时间学习马列主义,学习自然科学,经常找年轻教师谈自然辩证法、谈自然科学,态度谦虚,从不盛气凌人、自以为是。他认为,只有知识范围广博,才可以成为教育者,才能培养批判、借鉴的眼光。即使对于医药卜筮、宗教经典和劝世文这类在有些人看来价值不大的书,徐特立认为也要读。他说,这些书虽然没有科学意义,却有历史意义。所以,谢觉哉曾写诗赞扬徐特立读书"贯穿辩证法,新奇出腐里"。

(四)虚心请教、不耻下问的谦虚态度

徐特立认为:"虚心向人们学习……是学习的第一等问题,是向学习开门的一个问题,如果这一问题不解决,那么,一切学习方法都成为无用了","真正有学问的人没有不虚心学习的,无分古今中外,任何阶级,任何党派,都一样要向他们学习。"②"虚心向朋友学习,是共产党优良的历史传统","虚心学习朋友的东西,应该是我们学习的基本态度。"③徐特立本人就是虚心学习的典范。

徐特立进一步指出:"虚心不是一般所谓谦虚,只是表面上接受人们的意见,也不是与人们无争论无批评,把真理和是非的界限模糊起来,而必须保持自己的政治立场,当自己还未了解他人意见时不盲从"④,否则就失去了独立性,就

---

①中央教育科学研究所编:《徐特立教育文集》,北京:人民教育出版社,1979年版,第329页。
②中央教育科学研究所编:《徐特立教育文集》,北京:人民教育出版社,1979年版,第100页。
③中央教育科学研究所编:《徐特立教育文集》,北京:人民教育出版社,1979年版,第99页。
④中央教育科学研究所编:《徐特立教育文集》,北京:人民教育出版社,1979年版,第109页。

成了奴才。人要有自尊、自信和独立性,但自尊而不轻人,自信而不自满,独立而不孤立。这样,就可以不断地向外面吸取宝贵的精神食粮。做到了这一点,"无论读何种书籍,都会发现自己从来所未见的东西"[①]。徐特立坚决反对学习中"高视阔步的态度"和"鄙视一切,尤其是不愿向下级学习、向群众学习,即向一切不如自己的人学习"的"骄傲高慢的作风"。他把反对这些坏的学风作为学习的第一等任务,认为不抛弃目空一切、骄傲自大的弊病,是不可能从学习中获益的。

虚心学习,就要不耻下问。这不仅是一种重要的学习态度,还是一条学习的捷径。徐特立很赞成清初学者李恕谷的话"学不如问","因为'问'是非常讨巧的事,是求知最捷的途径。他研究了十年的学问,我们和他谈一两天或一两句,就把人家的心得吸收过来了"[②]。这就是常言所谓:"听君一席话,胜读十年书。"所以,看见有学问的人就不要错过学习的机会,一定要不耻下问。

二、学习应有的精神

(一)"学足三余"的勤奋精神

徐特立强调,学习必须勤奋、能吃苦。"学习光下功夫不够,还得下苦功,要刻苦钻研。"

徐特立刻苦学习的精神广为众人所知。青年时期,他切实践行我国古代"学足三余"的教训,勤奋读书。"学足三余"讲的是东汉董遇的故事。董遇为人朴实敦厚,从小喜欢学习。为了谋生,他和哥哥经常进山去打柴,然后背回来卖钱以维持生活。每次去打柴,董遇总是带着书本,一有空闲就拿出来诵读,哥哥笑他,但他还是照样读他的书。经过勤学苦读,董遇的学问不断增多,特别对《老子》有了很深的研究,替它作了注释;对《春秋左氏传》也下过很深的功夫,根据研究心得,写成《朱墨别异》。有个人想向董遇求教,但他不肯教,而对人家说:"读书百遍,其义自见。"请教的人说:"您说得很有道理,只是苦于没有时间。"董遇说:"哪有没有时间的事?'三余'就是最好的读书。""什么是'三余'呢?"董遇回答:

---

① 中央教育科学研究所编:《徐特立教育文集》,北京:人民教育出版社,1979年版,第74页。
② 中央教育科学研究所编:《徐特立教育文集》,北京:人民教育出版社,1979年版,第198页。

"冬者岁之余,夜者日之余,阴雨者晴之余也。"也就是说,冬天没有多少农活可干,是春夏秋三季多余的时候;夜间不便下地劳动,是日中多余的时候;雨天不好出门干活,是晴天多余的时候。平日都要工作、劳动,而冬天、雨天和夜间正是得闲多余、正好读书学习的时候,如果能充分利用这些时间,刻苦学习,学问一定能不断丰富起来。

徐特立身体力行并大大发展了"学足三余"的做法。他充分利用一切可以利用的业余时间来学习,就连吃饭、走路、睡觉,甚至在劳动中,也不忘学习。徐特立后来同别人谈起自己青年时期的自学经历时说:"教蒙馆时,日中间总是替学生做事。自己读书,要到晚上八九点钟以后,每日只读两三点钟的书。平日走路,同晚上睡醒了天没有明的时候,就读书。口袋常带一本表解,我的代数、几何、三角,都是走路时看表解学的;心理学、论理学,都是选出中间的术语,抄成小本子,放在口袋中熟读的。我学《说文》,不晓得写篆字,晚上睡不着及走路时用手指在手掌中写来写去。"[①]

后来,他到法国勤工俭学再到苏联学习的过程中,学法文、俄文的单词,也都是这样学的。"学足三余"使徐特立须臾离不开书籍。即使在长征路上,徐特立个人生活用品极简单,在马褡子里却装着喜爱的书籍,一有空闲就拿出来阅读。

所谓"功夫不负有心人",经过长期刻苦、勤奋的学习,徐特立学识渊博,为从事教育工作打下了扎实的基础。

(二)熟读深思、力求深入的钻研精神

少年徐特立读私塾时,有位和尚老师除教他读"八股文"外,还教读佛家的禅宗语录。禅宗不立语言文字,反对不知意思的念诵和钻字句,其中有一偈子是这样的:"十八木珠一串穿,终朝念佛涤心慊,可怜不识弥陀旨,数尽恒沙也罔然。"徐特立说:"我读了这一偈后,就去了粗枝大叶不求甚解的恶习,而力求深入。"[②]

徐特立回忆年轻时读《书经》的故事,当他读到"期三百又六旬又六日成为一

[①] 湖南省长沙师范学校编:《徐特立文集》,长沙:湖南人民出版社,1980年版,第551页。
[②] 湖南省长沙师范学校编:《徐特立文集》,长沙:湖南人民出版社,1980年版,第596页。

年",注中说:"三百六十五日又四分日之一为一年。"他不理解"四分日之一"是怎么一回事,于是去请教一些有名的先生,可这些人有的回答说不知道,有的则说"好读书,不求甚解"。但他不肯罢休,于是自己四处去找参考书,费尽心机,最后终于得到了解答。①

徐特立常告诫年轻人:"求学没有偷巧的办法,我用的是笨法子。我读书宁可少些,也要懂得透些。我读了书上的每一个字、每一句话以后,就闭着眼睛想想,这儿告诉了我一些什么知识呢?弄懂了,再读下去。这样读一本懂一本,才能牢牢记住。"②他非常推崇宋朝苏轼的读书经验:"旧书不厌百回读,熟读深思子自知。"即使读一本小册子,徐特立有时也"一读二读三读以致无限制的读,每次都发现有自己未了解的新东西"③。

(三)"不唯书,不唯上,只唯实"的批评精神

徐特立主张批判地吸取人类一切知识遗产,学习时采取"毛泽东同志提出的古今中外法,就是说,我们古代的也要,现在的也要,外国的也要,中国的也要"④。但是,必须批判地继承,这就是"学习要有批评的、革命的、实践的精神"⑤。这是一种不唯书、不唯上,敢于质疑、敢于发表自己不同意见的精神,是一种让学习为革命事业服务、为社会实践服务的精神,更是一种以是否符合实际、是否符合革命和实践需要作为评判所学内容正确与否标准的精神。所以,徐特立鲜明地表示:"我是做事第一,不是读书第一。书不是我的父亲而是我的朋友。"⑥

具体如何"批判"呢?一是要运用辩证法。徐特立认为:"要用辩证法、古今中外法,把古今结合、中外结合,变为我的。"⑦就像吃牛肉、吃狗肉,吃下去以后变为我的肉。其间便要经过学习、消化、批判、扬弃、继承、创新几个步骤。学习古代的、外国的知识遗产要咀嚼消化,把他人的东西加以理解,达到融会贯通的目

---

①湖南省长沙师范学校编:《徐特立文集》,长沙:湖南人民出版社,1980年版,第597—598页。
②谷斯涌:《革命老人徐特立》,北京:中国少年儿童出版社,1980年版,第36页。
③湖南省长沙师范学校编:《徐特立文集》,长沙:湖南人民出版社,1980年版,第265页。
④湖南省长沙师范学校编:《徐特立文集》,长沙:湖南人民出版社,1980年版,第288页。
⑤湖南省长沙师范学校编:《徐特立文集》,长沙:湖南人民出版社,1980年版,第260页。
⑥湖南省长沙师范学校编:《徐特立文集》,长沙:湖南人民出版社,1980年版,第227页。
⑦湖南省长沙师范学校编:《徐特立文集》,长沙:湖南人民出版社,1980年版,第288页。

的,不能食古不化、人云亦云;要批判地吸收,不能盲目地服从。对古人的学术,要把它当历史看,而加以批评地重新审查。有批判,才有取舍,在此基础上进行扬弃和继承,即去伪存真,去腐留精,"去掉十分之九无用的,改正十分之一歪曲的,所剩下来的东西就是基本事业的知识及现代人类不可少的一切事实知识"①。二是要立足实际。徐特立认为,要立足于实际斗争的需要,批判继承历史遗产,让学习的内容为革命和建设服务,符合人民的利益,"要反对经院学派式的博学鸿才,成为述而不作无批判的客观主义"②。

(四)"定量""有恒"的坚持精神

精读书、细读书,还要广读书,所需时间、精力必然要求多,而人的时间、精力都是有限的,很多人会因此而不能坚持。面对这一实际问题,徐特立是怎么做的呢?他的秘诀是"定量""有恒"。他说:"我读书的办法总是以'定量''有恒'为主,不切实际的贪多,既不能理解又不能记忆。要理解必须记忆基本的东西,必须'经常''量力'才成。"③所谓"定量",就是要根据自己的情况,选择一定数量的书,以适量为贵,不贪多求快,不好高骛远,这样才可能有足够的时间、精力进行精读;所谓"有恒",就是要有恒心、有毅力,做到渐进不辍,而不是"一日曝之,十日寒之","三天打鱼,两天晒网"。他说:"对青年来说,学习最重要的是一个'恒'字。"④他回忆自己年轻时学习《说文》部首540字,计划用一年的时间读完,规定每日只学两三个字,结果达到了能熟练背诵的程度,相反,"我在中学教学生学《说文》部首,要他们每日课余记一字,两年学完,他们偏要星期六一日同时学六个字。我要他们背写,多半不能写出,正是不按一定分量不能保持经常学习之害"⑤。

1961年冬,徐特立接受一位记者采访,谈论青年人的学习问题。采访前,徐特立首先说:"先问你一个问题,你们当记者的怎么学习?"记者回答:"我学习没有计划,常常是工作一忙,就埋在稿子里面,把学习放松了。一时还不觉得怎样,一年过去了,觉得整天忙忙碌碌,没有扎扎实实读点书,学点知识。"徐特立说:

---

① 湖南省长沙师范学校编:《徐特立文集》,长沙:湖南人民出版社,1980年版,第536页。
② 湖南省长沙师范学校编:《徐特立文集》,长沙:湖南人民出版社,1980年版,第242页。
③ 湖南省长沙师范学校编:《徐特立文集》,长沙:湖南人民出版社,1980年版,第551页。
④ 湖南省长沙师范学校编:《徐特立文集》,长沙:湖南人民出版社,1980年版,第624页。
⑤ 湖南省长沙师范学校编:《徐特立文集》,长沙:湖南人民出版社,1980年版,第551页。

"我读书的方法总是以'定量''有恒'为主。"他说:"每个人自己要有一个算盘,打算一天读多少? 一年读多少? 一生读多少? 要有个计划。哪怕一天学一点,只要不间断,就能得到知识。问题就是坚持,要持之以恒。这个'恒'字,对青年的学习尤为重要。"①

徐特立还认为,持之以恒不单是方法问题,也是认识问题。一个人应该今天知昨天之不足,才会去求足,才会去学。他说现在许多青年人好学,但容易满足,觉得还年轻,日子还很长,一天不学没关系,今天不读还有明天,明天还有后天。浪费时间对学习是非常有害的。学习就要做到定量、有恒。

(五)"时刻以为不足"的不自满精神

1937年徐特立六十大寿,毛泽东在贺信中热情地称赞他:"你是懂得很多而时刻以为不足,而在有些人本来只有'半桶水',却偏要'淌得很'。"②1947年徐特立七十大寿,中共中央在贺信中也指出:"你对自己学而不厌,你对别人诲而不倦,这个品质使你成为中国杰出的革命教育家。"③

确确实实,徐特立虽然知识渊博,但他却有着"学而不厌""时刻以为不足"的不自满精神,而且时刻提醒自己。1944年,他在一首诗中写道:"不落时代后,年老才可宝……年老不足耻,所耻在自足……同时易自骄,堕落成顽固;我们不警惕,误党兼自误。"④同一年,他在写给徐乾的一封信中说道:"每一分钟都发现自己学问不够。写文章不敢下笔。"⑤其谦虚谨慎、从不自满的态度令人感叹。

徐特立这种"时刻以为不足"的不自满精神,为同志、朋友们所熟知,也广受赞叹。他的老朋友谢觉哉在祝贺他七十寿辰的贺信中说:我认识你22年了,你"天天求前进,索真理。今天的我已不是昨天的我,明天的我又必不是今天的我。年已七十,尚在作十年、二十年的学习计划。"⑥曾三在贺信中也指出:"您今年70

---

① 湖南省长沙师范学校编:《怀念徐特立同志》,长沙:湖南人民出版社,1979年版,第193页。
② 湖南省长沙师范学校编:《怀念徐特立同志》,长沙:湖南人民出版社,1979年版,第2页。
③ 湖南省长沙师范学校编:《怀念徐特立同志》,长沙:湖南人民出版社,1979年版,第1页。
④ 叶剑英等:《十老诗选》,北京:中国青年出版社,1979年版,第158页。
⑤ 中央教育科学研究所编:《徐特立教育文集》,北京:人民教育出版社,1979年版,第124页。
⑥ 湖南省长沙师范学校编:《怀念徐特立同志》,长沙:湖南人民出版社,1979年版,第61页。

岁了,还是每天抱着书本,做十小时左右的工作,计划着二十年三十年。为了编写课本,对每一课内容,您都参考几本几十本书,甚至下决心重新学习。"①

中华人民共和国成立时,徐特立已经72岁。为了继续为祖国建设贡献力量,徐特立制订了一个20年学习和工作计划,作为晚年的奋斗目标。他说:"参加新的斗争,就要有新的知识。要是不学习,思想一停滞,人就真的老了,只要不断学习,就永远不会衰老。"②81岁时,他还说:我"现在的知识比起一个人应有的知识来,还差得很远,拿起自然科学的书籍,有些地方还看不懂。"③徐特立就这样忠实地实行着"活到老、学到老"的信条,永无满足的一天。

三、学习应有好的方法

(一)读书"贵在精",抓基本、抓中心、抓要领

徐特立强调,读书"贵在精"。他说:"学习的经验是学得少,懂得多,做得好。""贵在精",就是说读书时不要光着眼于数量,而要高质量地精读,深入理解、把握、吸收书的精华。这里的"精",至少包括两方面含义:一是"要抓住基本知识,即不好高骛远,而忽略基本的东西"。④因为基本知识是往后继续学习提高的坚实的奠基石。徐特立举例说:"喜马拉雅山是世界著名的高山,因为它是建立在西藏高原上的,是基盘广大的高原上的一个高峰;假如把喜马拉雅山建立在河海平原或江淮平原上,八千公尺的孤峰是难于存在的,犹如无源之水是易于枯竭的。"⑤每个学科都有各自的基础知识。要了解、掌握这门学科,必须从其最基本的知识学起。只要抓住了这些基本知识,就能掌握该学科的体系,进而研究它、发展它。二是要有一定的中心对象,使一切学习都围绕着它。徐特立说:"学习要像建军一样,要有基干部队作领导,像作战一样,其中心对象是守住中心据

---

① 湖南省长沙师范学校编:《怀念徐特立同志》,长沙:湖南人民出版社,1979年版,第12页。
② 谷斯涌:《革命老人徐特立》,北京:中国少年儿童出版社,1980年版,第44页。
③ 湖南省长沙师范学校编:《徐特立文集》,长沙:湖南人民出版社,1980年版,第586页。
④ 湖南省长沙师范学校编:《徐特立文集》,长沙:湖南人民出版社,1980年版,第259页。
⑤ 湖南省长沙师范学校编:《徐特立文集》,长沙:湖南人民出版社,1980年版,第259页。

点,一切掠野是为攻坚,是为着守这一据点。"①"列宁的工作方法是把握中心一环,就是说不把精神平均使用。"②三是要善于抓要领。他说:"我们所需要的是基本事业的知识,现代不可能少的知识;不要拿无用的材料困累自己。"③"文化学习应给予一般的基本知识,不在多而在'要'(即需要的知识——引者注),技术学习应给予专门的知识,不在多而在专。"④要"抓住其根蒂而放弃其枝叶,抓住基本的原则的东西,放弃其次要的非原则的东西"⑤。

(二)"不动笔墨不看书"

徐特立读书有一个秘诀,就是"不动笔墨不看书"。他说:"绩学之士,读书必有劄记,以记所得著所题。记所得则要领命矣,著所题则启他日读书参延之途矣。"⑥他读书时,常在书上画上各种记号,或画线,或圈点;或在空白的地方,以眉批形式写上自己的意见和感想;或在书中夹放写有该书内容或重点、疑点的小纸条;有时,还把要紧的句子、主要的内容摘抄在本子上。关于"摘抄",徐特立有一句名言:"买书不如借书,读书不如抄书,全抄不如摘抄。"⑦因为摘抄,就不能不详细地分析,做一番文字整理功夫,这样对所读的书会有更深刻的了解。

他说,这样读书的结果,进度可能慢些,但读一句算一句,读一本算一本,懂得比较透,记得比较牢。在他读过的书上,留下了50多万字的读书眉批。1989年10月,广东人民出版社出版了北京理工大学李国光等人选编整理的《徐特立读书眉批选》一书,成为研究徐特立思想的一份重要资料。

原教育部副部长、著名教育家董纯才十分推崇徐特立"不动笔墨不读书"的读书方法。他说:"徐老夫子,好读书,力求甚解。每有会意,便欣然作眉批,颇有独到见解,令人佩服。如此认真治学,值得师法。"

---

①湖南省长沙师范学校编:《徐特立文集》,长沙:湖南人民出版社,1980年版,第259页。
②湖南省长沙师范学校编:《徐特立文集》,长沙:湖南人民出版社,1980年版,第320页。
③湖南省长沙师范学校编:《徐特立文集》,长沙:湖南人民出版社,1980年版,第536页。
④湖南省长沙师范学校编:《徐特立文集》,长沙:湖南人民出版社,1980年版,第341页。
⑤湖南省长沙师范学校编:《徐特立文集》,长沙:湖南人民出版社,1980年版,第388页。
⑥湖南省长沙师范学校编:《徐特立文集》,长沙:湖南人民出版社,1980年版,第3页。
⑦湖南省长沙师范学校编:《怀念徐特立同志》,长沙:湖南人民出版社,1979年版,第67页。

(三)"攻坚"与"掠野"相结合

徐特立博学多闻,在治学上主张"攻坚"与"掠野"相结合,正确处理知识的广度与深度、点与面、泛读与精读、多学与少学的关系。"读书,研究学问,好比打仗一样,要注意两点:第一是'攻坚',第二是'掠野'。所谓'攻坚',就是要像拿敌人的一座坚固的碉堡那样,狠攻社会科学或自然科学的基础著作。要真正读进去,才能领会它的精神与实质,不拼命钻研是不行的。……这一点是主要的。但是只'攻坚'还很不够,还必须更广泛地学习新的知识,了解当前社会上各有关方面的实际情况,这就是'掠野',以此来扩大我们学习的广度。"①由此可以看出,由"攻坚"到"掠野"的读书方法,也就是一个由"专"到"博"的过程,也就是要求学习既要有深度,又要有广度,这样才能成为真正有学问的人。

徐特立认为学习要"点"与"面"兼顾,要"先博后约",知识面太窄了,将不能适应变化多端的客观世界,因此要多读书,多读书可以增长见闻,就像演戏一样,生、旦、净、丑俱全,读书太少,内容必然苍白、贫血、教条化。同时,对于少数的几部书(包括马列主义著作),又必须下苦功读通。学习的过程一般是先广泛地学习各种材料,详细地进行研究,融会贯通,再概括出简要的道理来。这就是"由博反约"、由厚到薄的过程,以后在实际的工作中运用知识,研究实际问题,又要经过一个由薄到厚的过程。

总之,作为杰出的人民教育家,徐特立对学习进行过非常多的精辟论述,包括对学习应有的态度、学习应有的精神,以及学习的方法,等等。这是一笔宝贵的精神财富,值得我们深入挖掘和学习。

---

① 湖南省长沙师范学校编:《怀念徐特立同志》,长沙:湖南人民出版社,1979年版,第76—77页。

后　记

　　徐特立,这位湖南近代教育的"长沙王",这位苏维埃教育的开创者,这位社会主义教育的奠基人,这位毛泽东最尊敬的老师,这位教育培养了共产党几代青年、桃李满天下的"当今一圣人"……他在中国近现代教育史上,无疑留下了浓妆重抹的一笔。他一生从事教育事业长达70多年;他一生创办了梨江高小、五美初小、长沙师范、长沙女子师范等多所学校;他担任过蒙馆、小学、中学直至大学的教学和管理工作;他还曾长期负责教育行政机构的领导工作……他有着一般教师和教育家难以比拟的丰富的教育实践。虽然自称"教书匠",但他在教育理论方面卓有建树。在长期的教育实践中,他批判地继承前人留下的教育遗产,认真地总结自己的教育教学经验,提出了很多独具特色的教育思想,是我国教育史上的一笔宝贵财富。

　　徐特立在教育方面的功绩无疑是伟大的,但他高尚的道德品质更让人崇敬与难忘。作为教育家,更作为教师,他是一位当之无愧的"师德楷模""万世师表"。着力揭示徐特立身上蕴含和体现出来的高尚的师德风范,无论对于广大教师,抑或青年学生,甚至普通民众,都是具有实在的教育意义的。

　　自接受山西出版传媒集团"教育薪火"项目组邀约之日起,迄今已达一年半的时间。在这一年半里,作者无论搜集资料、构思提纲、撰写初稿、修改补充,都时刻不忘该书的主旨——如何向读者最好地展示徐特立这位"师德楷模"的高尚风范?并为此做了以下种种努力:

一是在内容上,全书紧扣《中小学教师职业道德规范》中"爱国守法""爱岗敬业""关爱学生""教书育人""为人师表""终身学习"六条,分设"爱国的典范""热爱教育事业的典范""关爱学生的典范""教书育才的典范""为人师表的典范"以及"终身学习的典范"六章,努力展示徐特立作为"师德楷模"在以上六方面所表现出来的高尚的师德风范。在叙述中,有理论的分析与阐述,有相关人员的回忆与评价,更多的是主人公平凡中见伟大、磨砺中见真情的感人事迹。

二是在体例上,为满足广大读者特别是青少年读者的阅读需求,本书在以下几方面做了一些努力和尝试:一是尽量使用简明、通俗的语言,努力地减少学术用语(但由于两位作者都惯于学术的分析与阐述,所以在通俗化问题上并不成功);二是在每一节前列出徐特立本人或与徐特立有密切关系的人的一些精辟言论,或达言简意赅之意,或为画龙点睛之笔,同时也增加了形式的多样性;三是以注释的形式,尽可能多地对文中出现的人物进行简明、扼要的介绍,不仅有助于读者的理解,更可借以扩充知识面。

三是在资料的选取上,作者尽可能全面地搜集和整理近80年有关徐特立的研究成果,对其中有争议或未必确切的材料加以甄别,尽量选取比较重要的、具有典型性的事例,以平实的语言加以阐述,既求生动,又求准确,既求扼要,又求全面。当然,这更多是作者的一种努力方向,事实上肯定不尽如人意。

本书由梁堂华和吴克明共同完成。梁堂华负责提纲、统稿、语录、插图并撰写了第一、三、六章,吴克明撰写第二、四、五章。撰写的过程,毫无疑问也是作者学习的过程,接受徐老教诲的过程。

感谢众多前贤、先达的宝贵资料和研究成果,感谢山西出版传媒集团之厚爱,感谢乔彦鹏编辑为此事付出的大量心血。没有方方面面机缘的成熟与巧合,也就不可能有本书的撰写和面世。感恩于此种机缘,作者虽然一心要表达内心对徐特立老先生的崇敬,一心要最好地展示老先生高尚的师德风范,并为读者学习、研究徐特立的师德风范提供比较明确而实际的借鉴和参考,但由于时间和水平所限,本书肯定还存在种种不足之处,恳请读者朋友不吝指教。